サクッとわかる
ビジネス教養

ビジネスフレームワーク

牧田幸裕 監修
名古屋商科大学ビジネススクール　教授

新星出版社

はじめに
introduction

フレームワークを使いこなし、頭のなかをすっきり整理！ ひと味ちがう自分の意見を出せるようになろう！

ロジックツリーや3C、バリューチェーンといったフレームワークの名前を聞いたことがあるかもしれません。でも、それらのフレームワークを上手く使えているでしょうか？本書の目的は、聞いたことがあるけどイマイチ使い方がわからないフレームワークを使いこなせるようになることです。

ではフレームワークを使いこなせると、どんなよいことがあるのでしょうか？ 読者の皆さんは2つのことができるようになります。

まず1つめは、頭のなかがすっきり整理できるようになることです。世の中は複雑にさまざまな事象が絡み合っていて、「なぜこの商品の売上が伸びていないのか分析して！」とか「最近若手がどんどん転職している。うちの部署のなにが問題なんだ？」と上司から仕事の依頼を受けても、どこから手をつけていったらよいかわからないことがあると思います。そんなときに数多ある現在の状況や原因を整理し、頭のなかをすっきりさせる——！

これがフレームワークを使いこなせるようになったらできることです。

2つめは、整理された情報やデータから、自分なりの意見を出せるようになることです。会議のなかで「君はこの状況をどう判断しているんだ？ これからどうしたらよいと思うんだ？」と上司から聞かれて、答えに窮したことがあるかもしれません。しかし、フレームワークを使いこなせると、パパっと状況を整理し「この状況を顧客、競合、自社の観点から整理すると、今わが社にはこのような問題があると考えられます。いろいろ実施してきた施策はあるわけですが、今後はこの問題を解決するために、このような施策を実行するべきだと思います」といったように、自分なりの意見を出せるようになります。上司は驚きとともに、あなたの成長に目を細めてくれるでしょう。

もっとも、フレームワークを使いこなせるようになるには、本書を読むだけでなく実践が必要になります。本書を読み、試す。失敗する。改善する。この繰り返しで、読者の皆さんのビジネススキルはどんどん向上します。あきらめずに挑戦を繰り返し、自分自身の成長を実感できるようがんばってください。

牧田　幸裕

目次 CONTENTS

第2章 目的とタイミング、流れを理解しよう 職務や階層別 重要なビジネスフレームワークとその活用法

SECTION 0 優秀なビジネスパーソンのマインドセットを構築するフレームワーク

SECTION 1

会議や商談などを円滑に仕切るフレームワーク

SECTION 2

正しいマーケティング戦略を立案するフレームワーク

SECTION 3

チームメンバーを上手にマネジメントするフレームワーク

SECTION 4

全社に関わる経営戦略を構築するフレームワーク

ほかにもたくさん！ 本当に役立つビジネスフレームワーク

第3章

リアルなビジネスではこう使う!
ビジネスフレームワーク活用シミュレーション

STAFF

デザイン: 鈴木大輔・仲條世菜(ソウルデザイン)

イラスト: ウエイド(森崎達也)

DTP: 光(TORI Pro.)

ビジネスフレームワークは

ビジネスフレームワークってなんだ!?

ビジネスフレームワークとは、名前の通り、「現状分析」などの、いわゆる〝仕事の考えごと〟をする際に活用する思考の「枠組み」。フレームワークを正しく活用すれば、一見バラバラにみえる**情報を、関係性がわかりやすい形に整理**できます。

例えば、上図のSWOTは、情報をS（強み）、W（弱み）、

〝できる〟秘書である

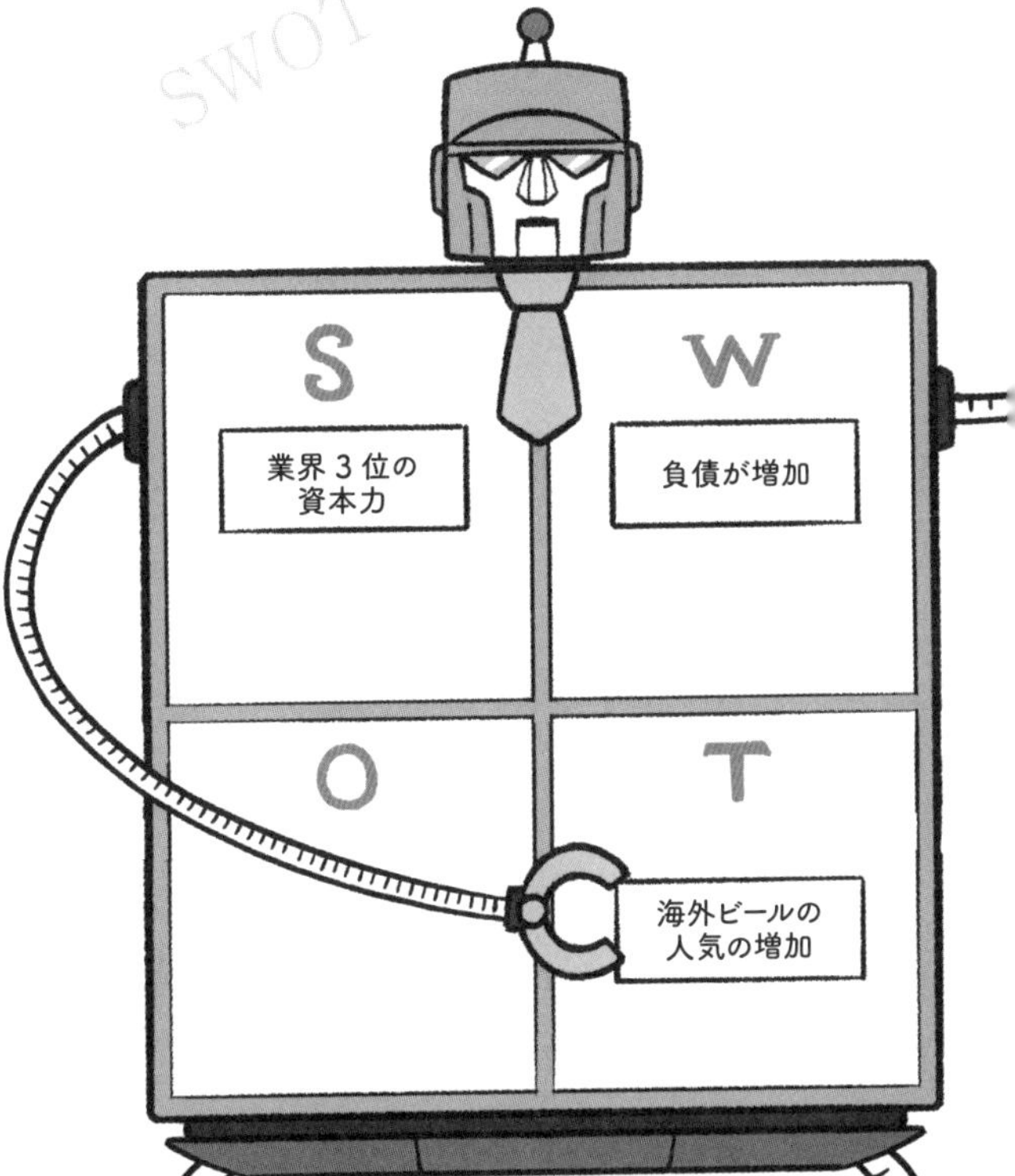

O（機会）、T（脅威）の４つに分割して整理するフレームワークです。これを使えば、漠然と考えるよりも「自社の強みを発揮できる市場」を探しやすくなります（詳しくはP50）。

いってみれば、フレームワークとは、自分の目的に合わせて、半自動的にスケジュールや資料の管理、調整をしてくれる〝できる〟秘書のようなもの。知っていればいつでも使え、**仕事の効率化と品質向上を同時に実現できる**のです。

ームワークで

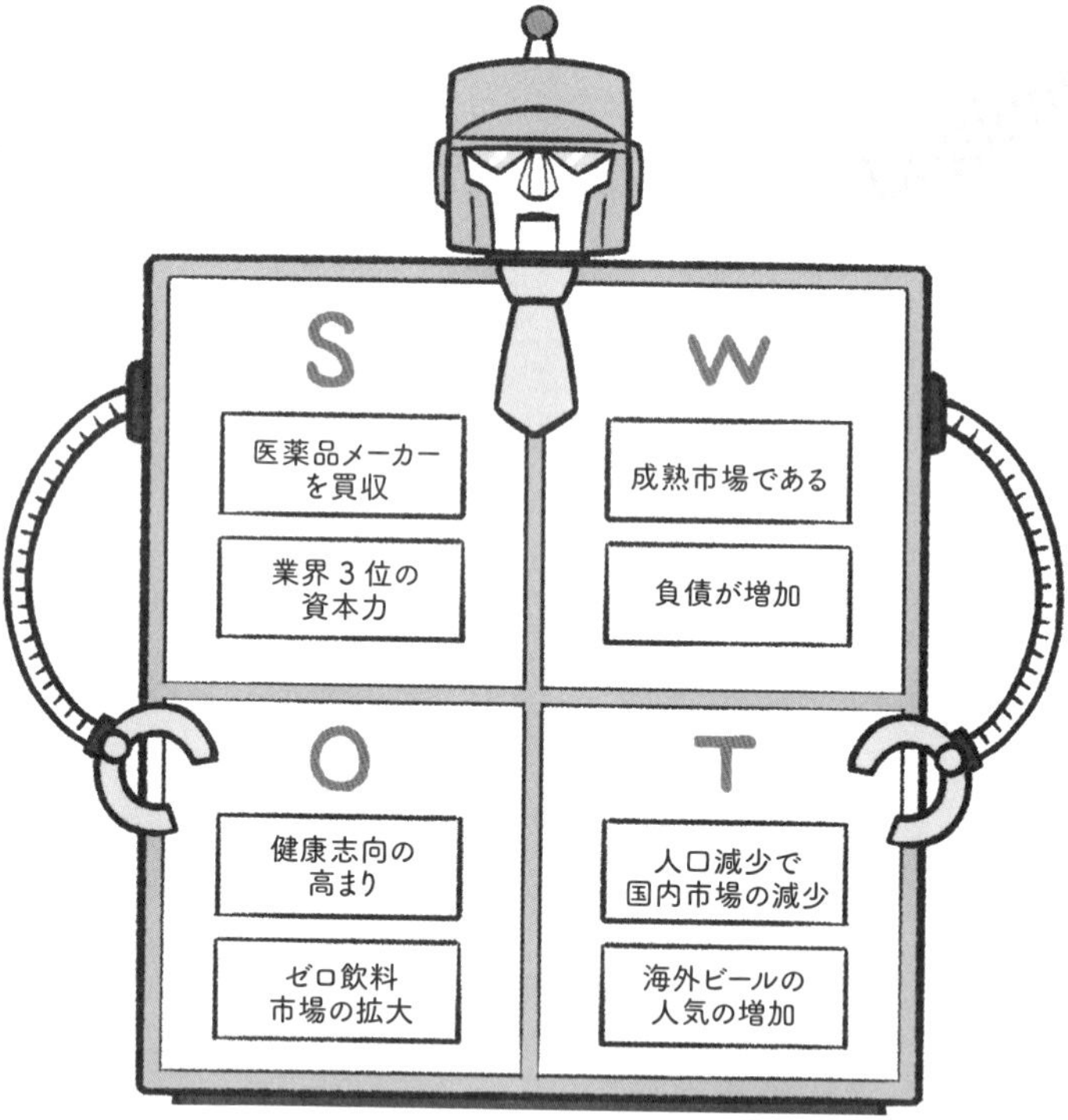

フレームワークが行うのは判断のサポート

ビジネスフレームワークを活用する際には、意外と知られていない、いくつかの注意点があります。

まず、フレームワークにはたくさんの種類がありますが、そ**れぞれに使うべき正しい目的とタイミングがある**ことです。

例えば、目的でいえば「コミュニケーションをスムーズにする」「チームマネジメントを円滑にする」「マーケティング戦略を立案する」などがあり、また、タイミングでいえば、「タスクをたのまれ

ビジネスフレ

整理をして判断は自分で！

そうだ！
買収した医薬品メーカーと一緒に、
健康市場に向けて
健康飲料をつくろう！
とっくに
やってるよ

た際」「プロジェクト始動時」「マーケティング戦略立案のはじめ」などがあります。ですから、正しく使うには「目的」と「タイミング」を意識する必要があるのです。

　また、P10でフレームワークは〝秘書〟のようだと例えましたが、実際、秘書と同様にフレームワークだけで「決断をする」ことはできず、あくまで「情報を整理すること」が、その役割になります。情報を入れさえすれば何らかの答えが出るものではないので、フレームワークで情報を整理し、その後、「**判断は自分でしなければならない**」ということを覚えておきましょう。

ビジネスフレームワークは“正しい使い方”が超重要

ビジネスフレームワークはビジネス書や Web サイトで紹介されていますが、それをみただけでは使いこなすのは難しいでしょう。本書ではシーンや業務を５つにわけ、その使い方を解説します。

優秀な会社員のマインドセットを構築

タスクステップとリスク管理

ビジネスパーソンとして基本である、仕事の段取りタスクの整理、そして各フローのリスクを考えます。

仕事の流れとリスクを整理

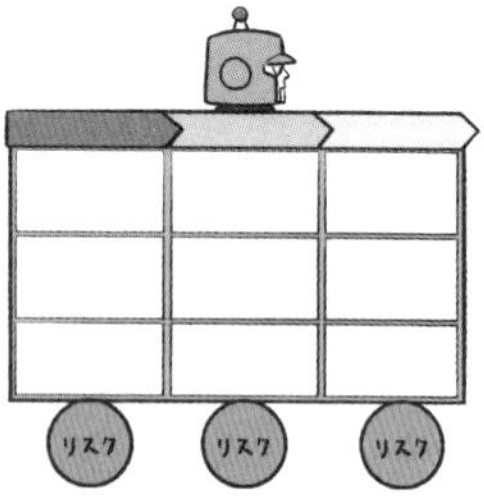

Task

ミーティングを円滑に仕切る

打ち合わせ目的キューブ

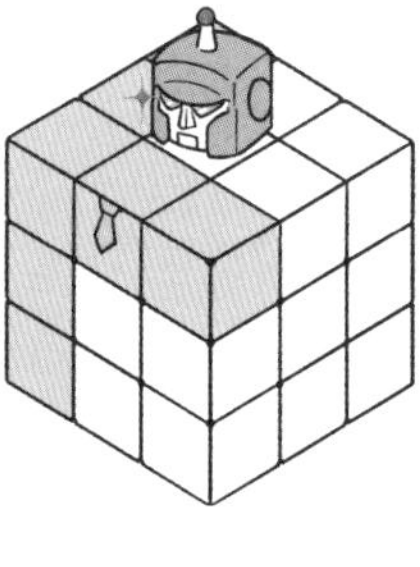

議論のゴールを明確に！

打ち合わせや会議を円滑に進めるために、常に意識しておかなければならない“目的”を明確にします。

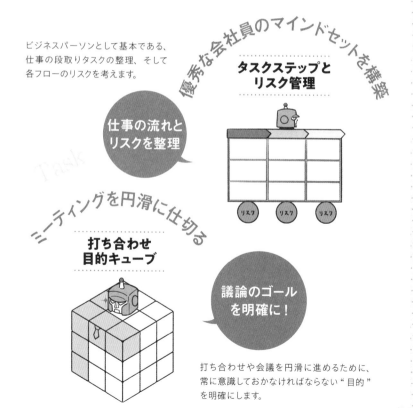

マーケティング戦略を生む

SWOT

自社の「強み」「弱み」、また自社にとっての「機会」「脅威」から、自社が活躍しやすい市場を探します。

自社が輝ける市場は!?

メンバーを的確にマネジメントする

SMART

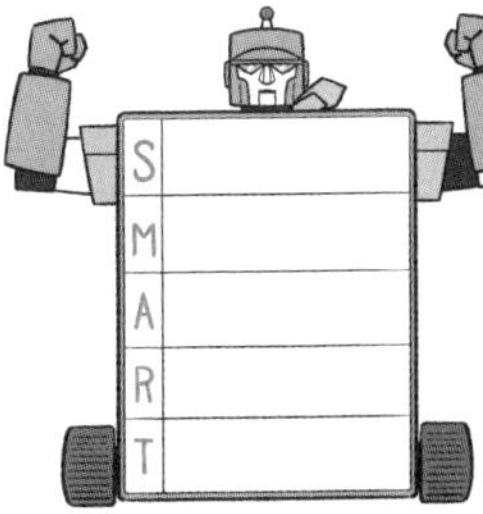

伝わりやすい目標を設定

チームの全員に対し、まちがえずに理解してもらえる明確でわかりやすい目標を設定します。

企業の成長戦略を構築する

アンゾフのマトリクス

自社の「市場」や「商品」を、「新規」と「既存」にわけ、どこに進んでいくかを検討します。

企業が進むべき方向性を検討

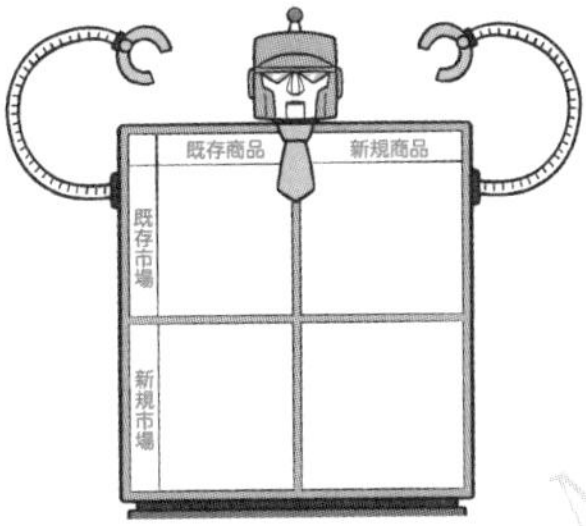

COLUMN

1

フレームワークの意義を端的に示す「雲・雨・傘」というフレームワーク

P10 からのプロローグで、「ビジネスフレームワークはあくまで情報を整理する枠組みであり、そこから判断は自分でしなければならない」と紹介しましたが、それを端的に表現した「雲・雨・傘」というフレームワークがあります。これは世界有数のコンサルティング会社『マッキンゼー・アンド・カンパニー』でも、最初のトレーニングで使われているフレームワークだそうです。

「雲・雨・傘」は、「雲が出ていたので、雨が降りそうだと思い、傘をもって行った」というストーリーを示しますが、ここでいう雲とは誰がみても同じもの、つまりデータなどの“事実”を示しています。そして、**「雨が降りそうだと思い」というのは雲から判断した“解釈（洞察）”**です。別の人なら「このくらいの雲なら雨は降らない」と解釈するかもしれず、同じものをみても、人によって異なるでしょう。そして「傘をもって行った」というのは解釈から導かれた“行動”になります。

フレームワークは、「雲・雨・傘」でいえば、基本的に雨、つまり、解釈を行うための道具なのです。「データの整理（雲）」「施策の策定（傘）」のためと考えているビジネスパーソンは意外と多いので、まちがえないようにしましょう。

使い方を知れば、一気に優れたビジネスパーソンに！

第1章

ビジネスフレームワークの基礎と原則

正しく使うことができれば、日々の業務を大きく助けてくれるのはもちろん、企業の経営戦略を構築するのにも役立つビジネスフレームワーク。第１章では、使いこなすうえで前提となる基礎や原則を紹介します。

原則
1

仕事の〝考え方〟や〝進め方〟を大きく変える！
フレームワークで情報を構造化し、本質へと導く

ビジネスフレームワークには、考え方によっていくつかの定義がありますが、端的にいえば、**ビジネスに関する情報を〝網羅的に〟〝整理する〟枠組み**のこと。例えば「新制度の施行」「為替の変動」「ライフスタイルの変化」などの情報があった場合、これだけでは各情報のつながりや階層がわからず、どのように思考を展開すればいいのか迷ってしまうでしょう。そこで、フレームワークを使えば各情報に「政治」「経済」「社会」などのタグをつけて構造化し、整理することができるのです。〝網羅的に〟については「原則3（P22）」で紹介します。

ビジネスでは、日常的な業務であっても経営戦略の構築であっても、基本的にまずは現状を把握して、そこから問題を認識し、問題を改善するという流れで進んでいきます。フレームワークの大きな目的は、ビジネスのフローのなかで、「正しい現状分析をすること」と、「解決策を導くこと」という2つがあります。

ここで注意が必要なのは、フレームワークはあくまで情報を整理する枠組みであり、**解釈や、具体的な施策を生み出すことが目的ではありません**。情報を分析し、そこから自分で解釈を考える際に手がかりにするためのもの、ということをよく理解しておきましょう。

フレームワークとは
情報を 網羅的に 整理する 枠組み

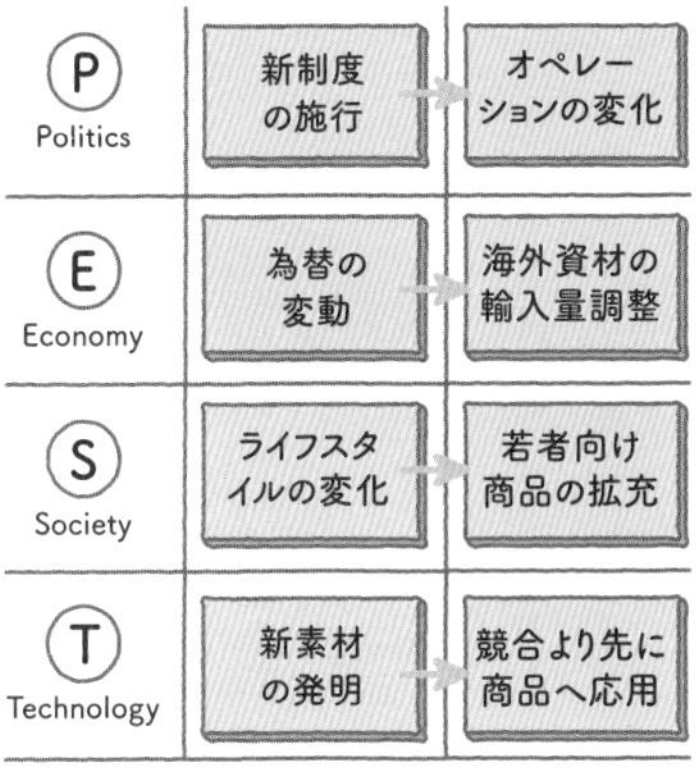

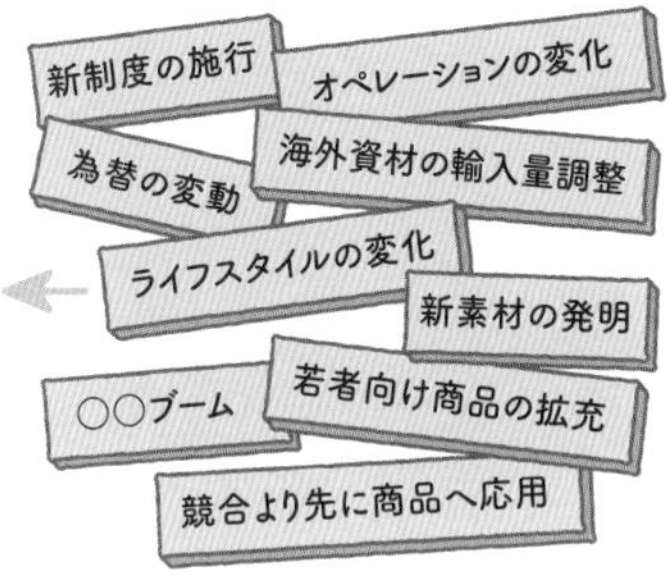

関係性のわかりにくい複数の情報を整理することで、各情報の立ち位置や関係性を明確にします。

フレームワークの目的

フレームワークは正しい現状分析と解決策を生み出すサポート

どんな階層の業務でも、基本的には現状把握→問題発見→解決策の構築というフローで進みます。このなかで、フレームワークを使えば、情報を整理して**正しい現状分析ができ、市場や競合、自社などの情報から、問題の解決策を導く手がかりになる**のです。

原則 2

あくまで〝道具〟であり、〝ゴール〟ではない
フレームワークでできること、できないこと

「原則1（P18）」で紹介したように、ビジネスフレームワークは、数値を入力すれば自然に回答が出る方程式ではなく、あくまで情報整理の枠組みですから、結論を直接的に導くことはできません。とはいえ、正しく使えば**目的やゴールを導きやすい形式に情報を整理する**ことが可能です。

一見、関係性がわかりにくい、異なる階層の情報を整理できるので、業務を説明する際や、プレゼンテーションの際にフレームワークを活用すれば、**非常にロジカルで明確な説明ができます**。さらに、フレームワークを理解している人同士であれば、**最低限の説明で共通認識ができるので、素早く正確な意思疎通ができる**のもメリットの1つでしょう。

フレームワークで「できないこと」としては、情報整理の枠組みですから、情報そのものが少ないと正しい分析はできません。一般的に、**自社の情報は豊富でも、市場や競合の情報は少ない**ので、こうした情報を集めることはフレームワークを使いこなすためのポイントになります。

また、詳しくは「原則3（P22）」で紹介しますが、どんな場面でも使える万能なフレームワークは存在しないため、有効な情報整理をするには、使い方以前に適切なものを選ばなければいけない、というのも注意点の1つです。

フレームワークで

できる

- **複数の情報を、目的に合わせた形に整理**

「マクロな環境分析」「業界の環境分析」などの目的ごとに最適な情報整理ができます。

- **説明やプレゼンテーションがロジカルに**

意見に筋道が通り、論理的で説得力があり、伝わりやすい主張になります。

- **素早く正確なコミュニケーションが可能**

フレームワークを理解している人同士なら短い言葉で正確に情報を伝えられます。

できない

- **解釈や具体的な施策を生み出す**

あくまで情報整理をするものなので、結論は自分の頭で考えなければなりません。

- **少ない情報で有効な分析をする**

情報が少ない場合は、フレームワークを有効に使うことはできません。

- **明確な目的を定めずになんとなく使う**

ゴールへ向け、使うべきフレームワークをきちんと選択する必要があります。

情報を整理して自分で
洞察を構築することが重要

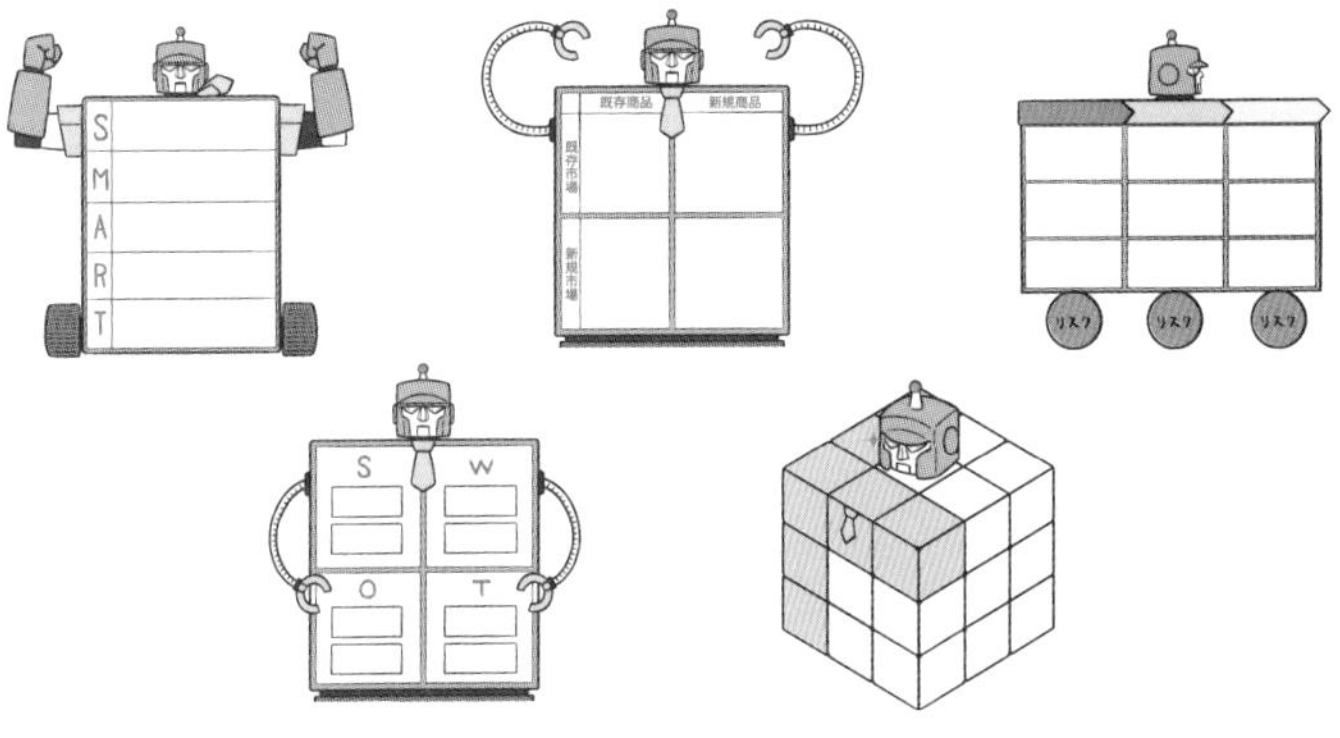

原則
3

意外と多くの人がまちがえている！ フレームワークの効果的な活用法とタイミング

ビジネスフレームワークのメリットの1つとして、「原則1（P18）」でも紹介したように〝網羅的に〟情報を整理できるという点があります。情報を構造化することで、**気づいていなかった〝不足している情報〟を把握できる**ため、必要な情報をすべて集めた分析が可能になるのです。こうした点も含め、**自分の頭だけでは気づけない要素を集めたり、思いつかない考え方を導いたり**してくれるのは、フレームワークの大きな特徴でしょう。

フレームワークを学びはじめたばかりの人のなかには、「どんな場面でも、とりあえずフレームワークに当てはめる」という活用の仕方をしている人が少なくありません。「原則2（P20）」でも少し紹介しましたが、各フレームワークには、**目的と使うべき最適なタイミングがあり**、それをまちがえてしまうと有効に活用できないのです。ゴルフで例えれば、「1打目」には「遠くに飛ばす」ためにドライバーを使い、「グリーンに乗った」ときには、「正確に打つ」ためにパターを使うのと同じです。

ですから、フレームワークを使う際には、「チームの目標設定」「競合企業の分析」「マーケティング戦略の立案」「経営戦略の立案」といった目的と、使う順番やタイミングをしっかり考えて、正しいものを選ぶ必要があります。

多数の情報を整理し、見えていない 気づいていないことを把握する

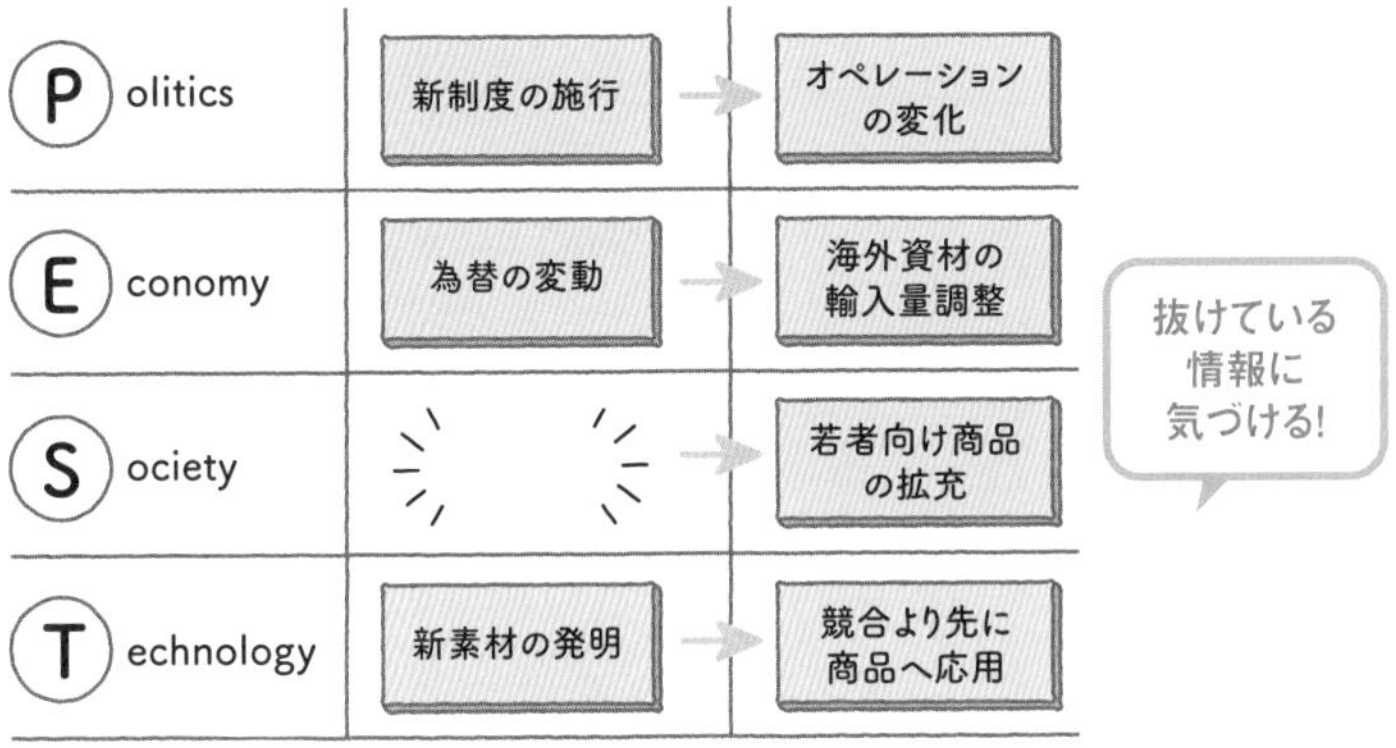

各フレームワークには「目的」と最適な「タイミング」がある

PEST

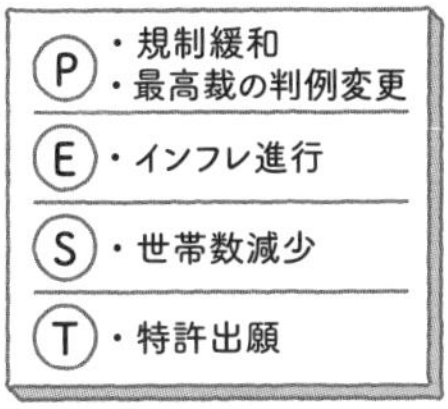

目的
マクロな環境分析

タイミング
業界の未来予測

BCG-PPM

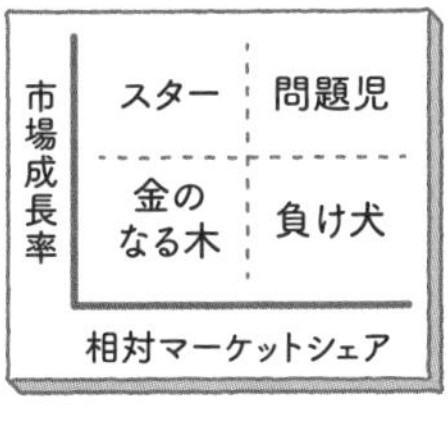

目的
経営資源の配分を
検討

タイミング
次年度以降の予算、
人員計画と策定

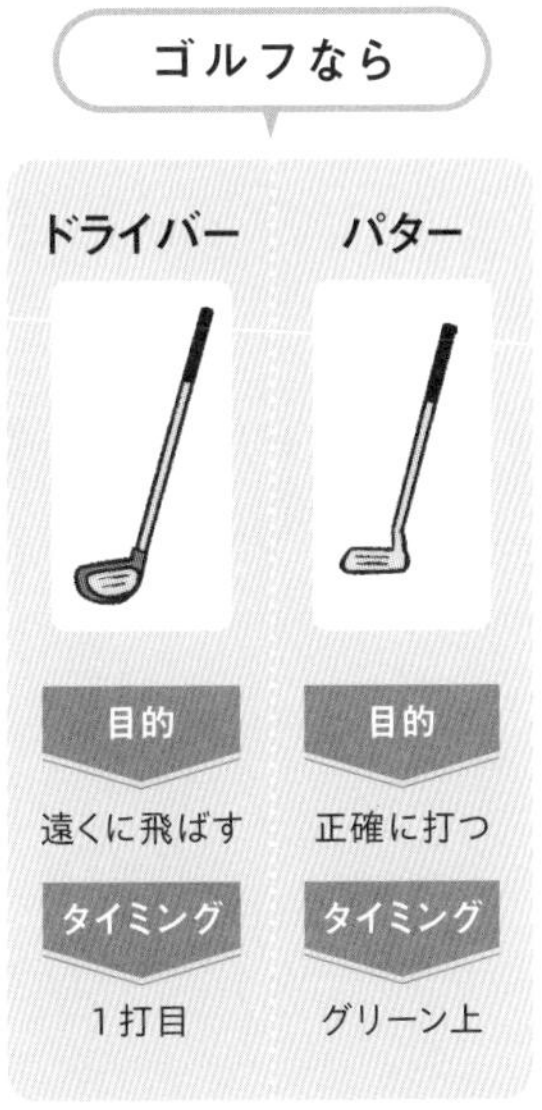

原則 4

まずはここからはじめよう! 本書で厳選した、本当に役立つフレームワーク

本書では、ビジネスフレームワークをはじめて学ぶ人に加え、「過去に少し学んだけれど十分に役立てられていない」という人が、〝正しい場面で、正しく使いこなせる〟ようになることを目指しています。

そのため、第2章では「優秀なビジネスパーソンのマインドセットを構築する」「会議や商談などを円滑に仕切る」「正しいマーケティング戦略を立案する」「チームメンバーを上手にマネジメントする」「全社に関わる経営戦略を構築する」といったように**活用する階層や業務などを明確にして紹介**。「どれを使ったらいいのかわからない」と迷うことなく、使うべきフレームワークを選べるはずです。

また、幅広い階層のビジネスパーソンにとって本当に役立つもの厳選し、**ビジネスシーンでの〝使い方〟を中心に解説**します。もちろん、一度読んだだけで、すべてのフレームワークを使いこなすのは難しいかもしれませんが、基本的な活用法はわかるでしょう。特に若手〜中堅層に向けたフレームワークは、明日からすぐに使え、仕事の取り組み方が大きく変わるため、使っていない人はぜひ活用してみてください。

第2章の最後では、前半でシーン別に紹介したフレームワーク以外に重要なものをまとめて紹介しています。

本書で活用法を解説するフレームワークと、その ゴール

ゴール

若手〜中堅層

優秀なビジネスパーソンのマインドセットを構築するフレームワーク

- 超基本ビジネスコミュニケーション
- タスクステップとリスク管理

会議や商談などを円滑に仕切るフレームワーク

- 打ち合わせ目的キューブ
- ロジックツリー（ピラミッド構造）

ゴール:

- 周囲から「優秀だ」と認められ、安心して仕事をまかされる
- 目的とゴールがブレない優れたファシリテーターになる

マーケティング職

正しいマーケティング戦略を立案するフレームワーク

- STEP1 SWOT
- STEP2 STP
- STEP3 4P

ゴール:

- 最初から最後までロジカルなマーケティング戦略を立案できる

ミドルマネジメント層

チームメンバーを上手にマネジメントするフレームワーク

- As is / To be＋WBS
- SMART
- タスク優先度マトリクス

ゴール:

- 部下や後輩にしたわれ、無理のないチーム運営ができる

経営企画職、経営層

全社に関わる経営戦略を構築するフレームワーク

- 3C
- アンゾフのマトリクス
- PEST
- BCG-PPM
- バリューチェーン

ゴール:

- 会社の未来構想が可能になり、会社のリーダーになれる

目的とタイミング、流れを理解しよう

第2章

職務や階層別
重要なビジネスフレームワークと
その活用法

ここから、ビジネスフレームワークの具体的な使い方を紹介します。
階層や業務内容によって5つのSectionにわけ、
ビジネスパーソンとしての超基本となる部分から、経営戦略の立案まで、
さまざまなシーンでの活用法をみてみましょう。

SECTION 0

優秀なビジネスパーソンのマインドセットを構築するフレームワーク

まずは、ビジネスパーソンとして前提となるマインドをつくります。

超基本ビジネスコミュニケーション

目的 円滑なコミュニケーション

タイミング 常時

タスクステップとリスク管理

目的 上司に信頼される

タイミング 仕事を依頼された際など

学生からビジネスパーソンになるパラダイムシフトの1つ

超基本ビジネスコミュニケーション

目的

円滑なコミュニケーション

タイミング

常時

〈ビジネスパーソンのコミュニケーション〉

鈴木くん、
“あの件”は
どうかね?
出発点
① 相手
相手の立場
課長、
プロジェクトリーダー
自分との関わり
一緒にプロジェクトに取り組んでおり、スポンサーとの商談を気にしている

ビジネスコミュニケーションの出発点は常に「相手の期待すること」

まずは、ビジネスパーソンとしての前提となる基礎的なコミュニケーションのフレームワークです。ビジネスでのコミュニケーションは、多くの場合、出発点となるのは自分ではなく相手。**相手が「望んでいること」や「期待していること」に対して、応えるのが原則**です。意外と理解していない人も多いので、ビジネスでは「出発点は相手」ということをしっかり覚えておきましょう。

“あの件”ってなんだ!?

- 課長はサッカー好きだった
- 資料まだできてない
- まさか午前中の商談か
- 宴会の予約のことかな
- 眠いし帰りたい
- 課長の新しいネクタイか（似合ってないぜ）
- 目標未達はいいたくない
- この前の仮病バレたか
- それにしても帰りたい

POINT

相手の期待に応えるのがビジネスの大原則

どんな階層、業種であっても、相手の期待に応えることがビジネスの原則です。

❷ 自分
考える
午前の商談でOKをいただくことができました!

POINT

相手の期待から自分が伝えることを考える

「相手の立場」や、「自分との関わり」から、相手の期待することを考えましょう。

〈学生時代のコミュニケーション〉

学生時代のコミュニケーションは、多くの場合、「自分の伝えたいこと」を話すのが中心です。ビジネスコミュニケーションで悩む人の多くは、学生と社会人ではコミュニケーションにパラダイムシフトがあることを理解していないのです。

日さ横断歩道
渡ってたら転んだ
すぐに近くのコンビニ
ったんだけど絆創膏ない
にきてなんで無いん
気分で水を買っ
ら今度は警
つまんない....

1 相手の立場と自分との関わりを考える

ビジネスでは上司や顧客など〝相手〟が中心

ビジネスコミュニケーションの出発点は「自分のいいたいこと」ではなく、「相手の期待すること」。これは、コミュニケーションの基本であると同時に、**「上司やクライアント、顧客などの期待に応えていくこと」が、ビジネスパーソンの職務**ですから、ビジネス全般の要諦ともいえるでしょう。

日常的な報告など、相手の期待することが明確な場合、普段から意識をして返答をすれば問題ありません。しかし、期待し

2 相手の期待に応える返答をする

全体の半分はあがっており、確認中です。今週中にはそろう思います
この調子でいきましょう
業務報告は、午前中には提出します
わかったよ
6人中4人分は集まっています。残りは明日までまってください。
OK！
9/○までに、○○○用の○○○材を○○トン、大阪に用意できますか？
承知しました

ていることや求めていることが明確にわからないこともあります。そんなときには、相手が〝階層が大きく異なる上司〟なのか、〝チームリーダー〟なのかといった「立場」や、〝部門を統括している〟、〝プロジェクトをまとめている〟、といった「自分との関わり」から、**①相手の期待することを考え、②返答**をしましょう。

　ビジネスパーソンとしては当然ですが、社会人になりたての人だけでなく、20代後半くらいの人でも理解していないことがあるので、しっかりと理解しましょう。

タスクステップとリスク管理

ビジネスは〝すぐに〟〝元気よく〟返答すればいいものではない

目的

上司に信頼される

タイミング

仕事を依頼された際など

✕ なにも考えずに とりあえず前向きな 返事をする

POINT

検討を一切しない返答は危険!

シビアなビジネスの世界は、勢いのみで乗り切ることはできません。

この管理って
すぐできそうかな
はいできます!

元気で間髪を入れない返答は不審な印象になる可能性が!

ビジネスにおいて、特に若手社員は上司から「○○をたのめる?」などと仕事の相談をされることがあります。そんなとき、すぐに「やります!」と答えるのはNG。**なにも考えていない様子から、上司は「本当にできるのか、わかっているのか」という印象を抱いてしまう**からです。そのため、まずは、仕事のフローやタスク、さらにリスクまで考えてから答える必要があります。

自分のなかで、フローからリスクを検討する

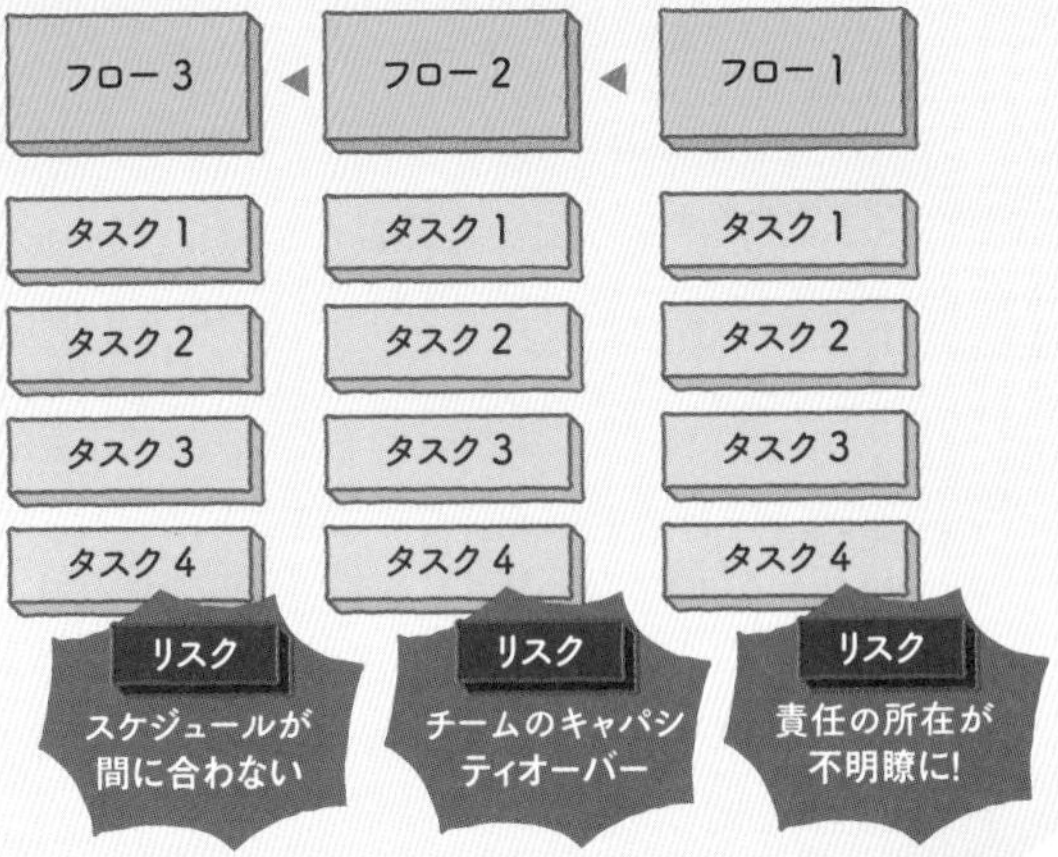

この管理ってすぐできそうかな

POINT

仕事の流れとタスク、そして、リスクまで考えるのが重要

一人前のビジネスパーソンなら、返答の前にフローからタスク、リスクまでを考えます。

HOW TO USE

タスクステップとリスク管理の活用法

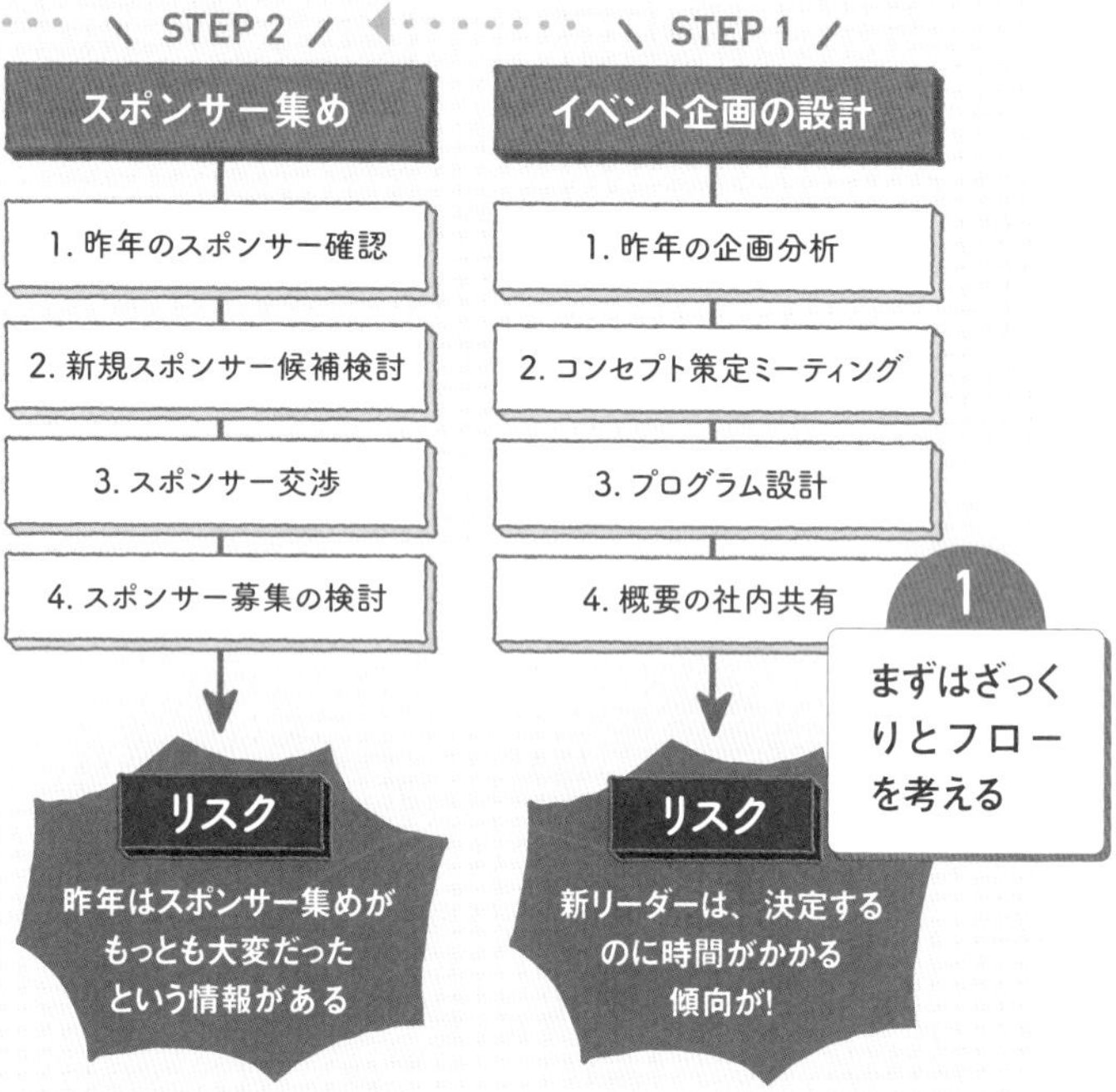
STEP 1
イベント企画の設計
1. 昨年の企画分析
2. コンセプト策定ミーティング
3. プログラム設計
4. 概要の社内共有
リスク
新リーダーは、決定するのに時間がかかる傾向が!
STEP 2
スポンサー集め
1. 昨年のスポンサー確認
2. 新規スポンサー候補検討
3. スポンサー交渉
4. スポンサー募集の検討
リスク
昨年はスポンサー集めがもっとも大変だったという情報がある
1
まずはざっくりとフローを考える

受諾の前に、自分の頭で全体像を考える

初めて取り組むような仕事を上司からたのまれた際、すぐに「やります！」などと返答するのは、意欲的で好ましいようにみえます。しかし、実は上司からすると、「本当にわかっているのか」と、あまりいい印象をもたれない可能性が高いのです。ですから、一人前のビジネスパーソンであれば、「検討するので、少しおまちいただけますか？」などと伝え、**①仕事のフローや、各フローにひもづいた、②具体的なタスクを頭のな**

かで整理してから、受諾の可否を考える必要があります。

さらに、**フローやタスクから、スケジュールやコスト、メンバーの関係性、マンパワーなどの面における〝リスク〟まで見通す**ことができれば、優秀なビジネスパーソンと認められるでしょう。リスクまで考えられていれば、上司は「注意するべき点をしっかり把握しているなら、まかせられるな」と安心できるはずです。

とはいえ、過去に何度も取り組んでおり、実際に可能ならば、元気よく「やります！」と返事をすることも大切でしょう。

COLUMN

2

整理した情報から“太い因果関係”を探し、有効な洞察を得る

本書で紹介しているように、ビジネスフレームワークを有効に活用するには、情報を整理したあとに、自分なりに洞察を導き出し、解釈をすることが重要です。COLUMN 2、3（P48）、4（P66）では、ビジネスの“洞察”について考えます。優れた洞察力をすぐに身につけるのは難しいかもしれませんが、中身を知ることで理解を深めましょう。

洞察を得るということは、簡単にいえば、**因果関係（原因と結果の関係）をみつけること**です。また、因果関係には原因と結果の関係が納得のしやすい「太い」ものと、関係ないわけではないが納得のしづらい「細い」ものがあり、重要なのは、太い因果関係を探していくことです。

例えば、「風が吹けば桶屋がもうかる」ということわざがありますが、この裏には①風でほこりが舞う、②ほこりで失明者増加、③失明者が三味線奏者になるため三味線の需要増加、④三味線づくりに必要な猫の皮を得るため乱獲、⑤猫が減ってネズミが増加、⑥ネズミが桶をかじり、桶の需要増加、⑦桶屋がもうかる、という流れがあります。①→②は関係がよくわからない細い因果関係であり、⑥→⑦は納得感があります。**有効な洞察を導くということは、こうした納得感のある太い因果関係を考えていく**ことなのです。

SECTION 1

会議や商談などを円滑に仕切るフレームワーク

会議や商談で、上手にファシリテーションするためのフレームワークを紹介します。

打ち合わせ目的キューブ

目的 ゴールを整理
タイミング 打ち合わせの前

ロジックツリー（ピラミッド構造）

目的 論点の整理
タイミング 打ち合わせの前

ブレずに交渉を行うために常に意識

打ち合わせ目的キューブ

会議の目的を設定しないと内容がブレてしまう!

ゴールに近づくために ゴールを明確にしておく

打ち合わせや会議がうまくいかない理由として、「目的が曖昧である」ことが挙げられます。特に会議進行をにない、合意形成を導く役割であるファシリテーターにとって、ゴールを明確にしておくことは非常に重要です。そこで、打ち合わせの目的を3つにわけた**「打ち合わせ目的キューブ」を常に意識しておけば、ゴールまでブレずに打ち合わせを進める**ことができます。

目的

ゴールを整理

タイミング

打ち合わせの前

目的整理

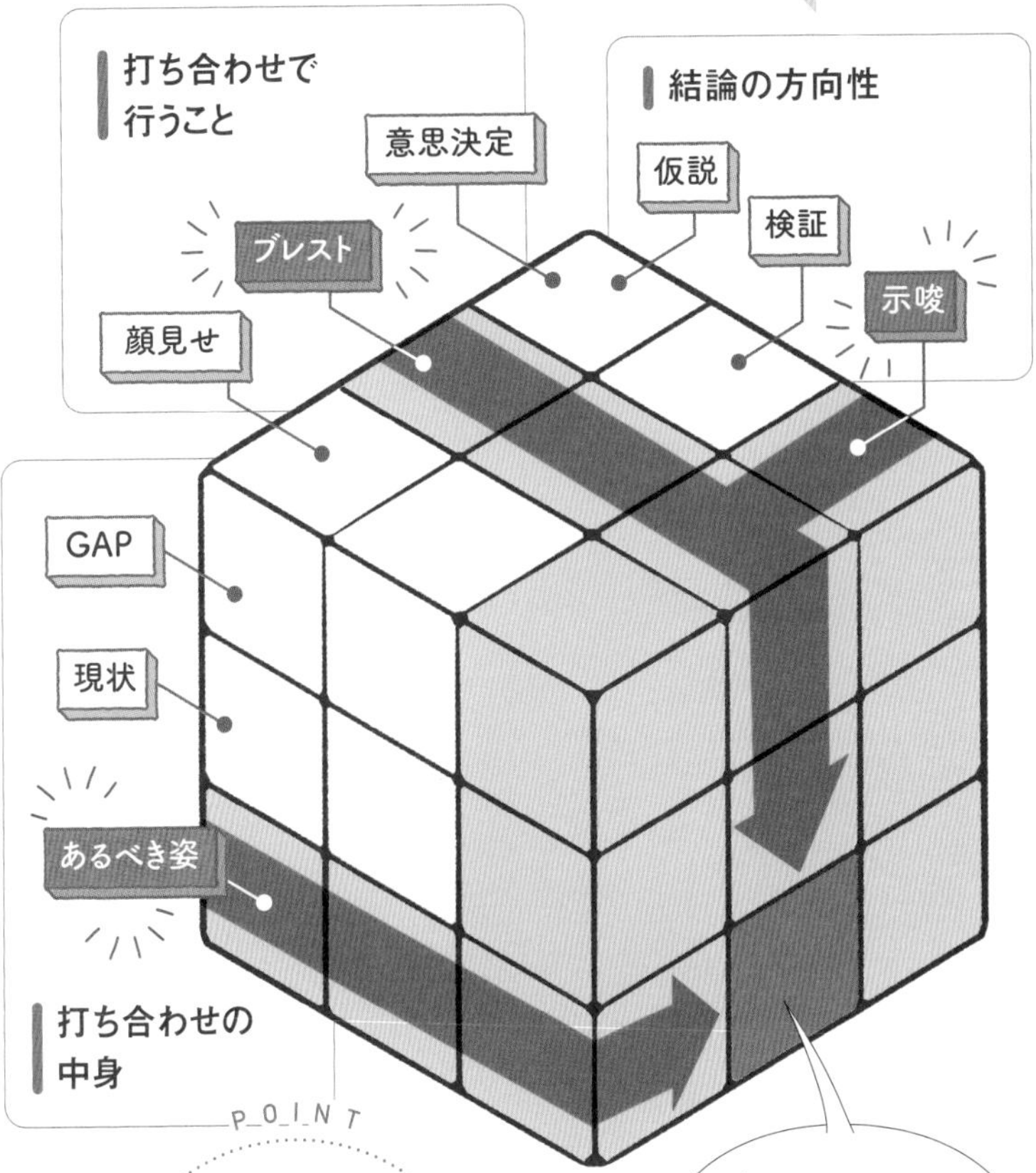

POINT

打ち合わせや会議中は常に目的を意識し、脱線を避ける!

「行うこと」や「結論の方向性」、「中身」の３つを事前に明確にしておきましょう。

HOW TO USE

打ち合わせ目的キューブの活用法

1

3つの要素から、それぞれ1つ選び、打ち合わせの目的を明確化

〈打ち合わせの目的〉

打ち合わせで行うこと

- **意思決定** → 参加者たちの総意をまとめる
- **ブレスト** → 自由に発言し、アイデアを出す
- **顔見せ** → 面識の少ない参加者が挨拶する

結論の方向性

- **仮説** → ある事例から判明した事項を導く
- **検証** → ある事例の内容を確認する
- **示唆** → 次回に役立つ事項をまとめる

打ち合わせの中身

- **GAP** → 現状とあるべき姿の間を考える
- **現状** → ある事例における現実を考える
- **あるべき姿** → ある事例における理想を考える

打ち合わせの目的を3つの側面にわけて考える

打ち合わせを上手に進行するには、事前に目的をはっきりしておくことは必須です。

といっても、打ち合わせは「さまざまな意見を自由に発表しながら、要点をまとめて合意形成」するものですから、結論を出すことだけに縛られ過ぎると、活発な議論ができません。そこで、打ち合わせの目的として、打ち合わせで行うことを「意思決定・ブレスト・顔見せ」、結論の方向性を「仮説・検証・示唆」、打ち合わせの中身を「GAP・

〈実際の打ち合わせ〉

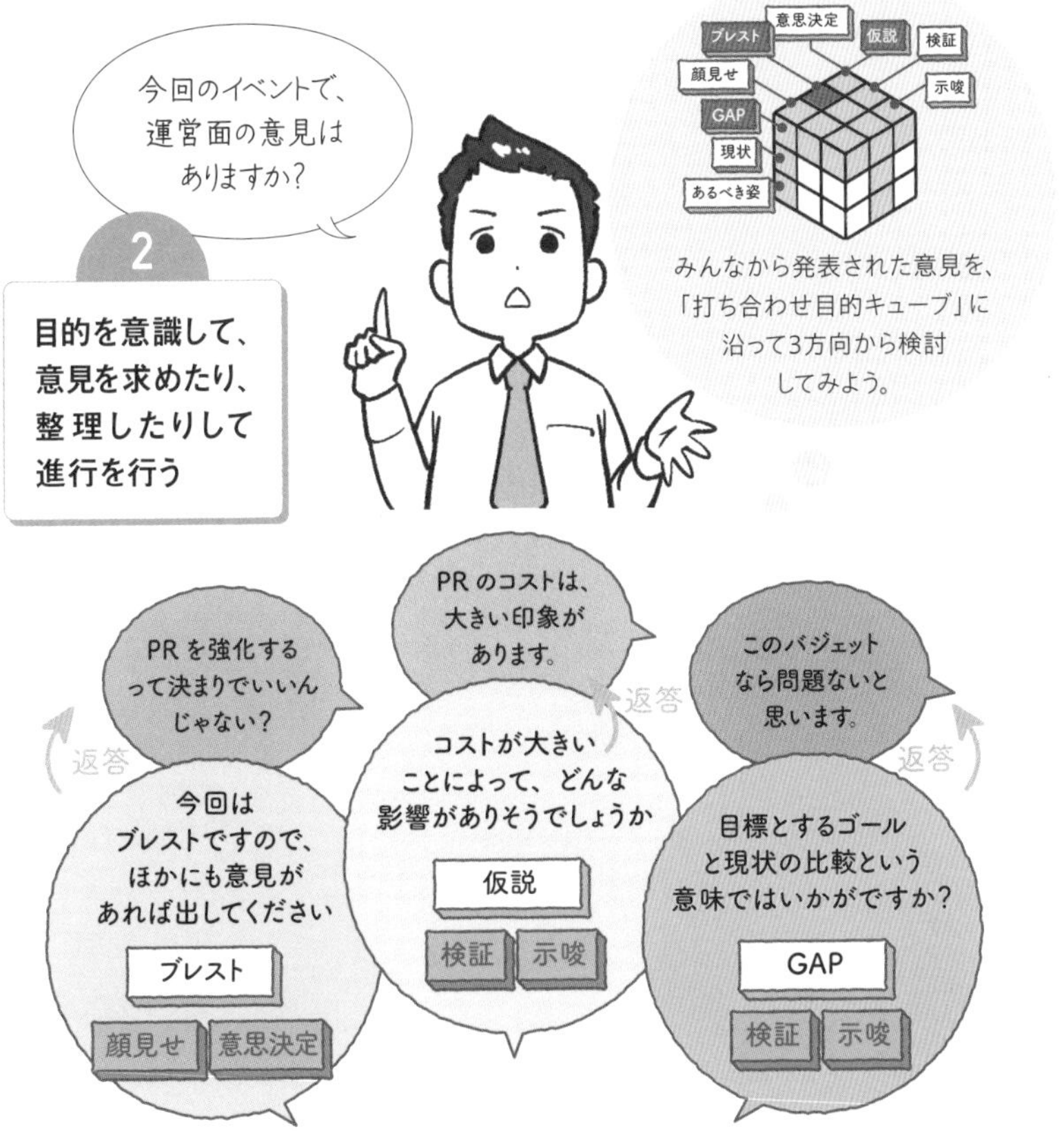
今回のイベントで、運営面の意見はありますか？
2
目的を意識して、意見を求めたり、整理したりして進行を行う
意思決定
ブレスト
仮説
検証
顔見せ
示唆
GAP
現状
あるべき姿
みんなから発表された意見を、「打ち合わせ目的キューブ」に沿って3方向から検討してみよう。
PRを強化するって決まりでいいんじゃない？
返答
今回はブレストですので、ほかにも意見があれば出してください
ブレスト
顔見せ
意思決定
PRのコストは、大きい印象があります。
返答
コストが大きいことによって、どんな影響がありそうでしょうか
仮説
検証
示唆
このバジェットなら問題ないと思います。
返答
目標とするゴールと現状の比較という意味ではいかがですか？
GAP
検証
示唆

現状・あるべき姿」という**3つの側面にわけ、それぞれのどこに当てはまるかを事前に決めておく**のが、今回のフレームワークです。「打ち合わせで行うこと」「結論の方向性」「打ち合わせの中身」を明確にしておけば、議題とは離れているような意見でも、打ち合わせの要旨に外れていないかを判断することができます。

　とはいえ、打ち合わせは自由に意見を許すのが基本ですから、無闇に否定せず、「自由に発言する時間」「意見をまとめる時間」に区切るなどの工夫をするのが望ましいでしょう。

大きな命題や情報を、細かく分解

ロジックツリー（ピラミッド構造）

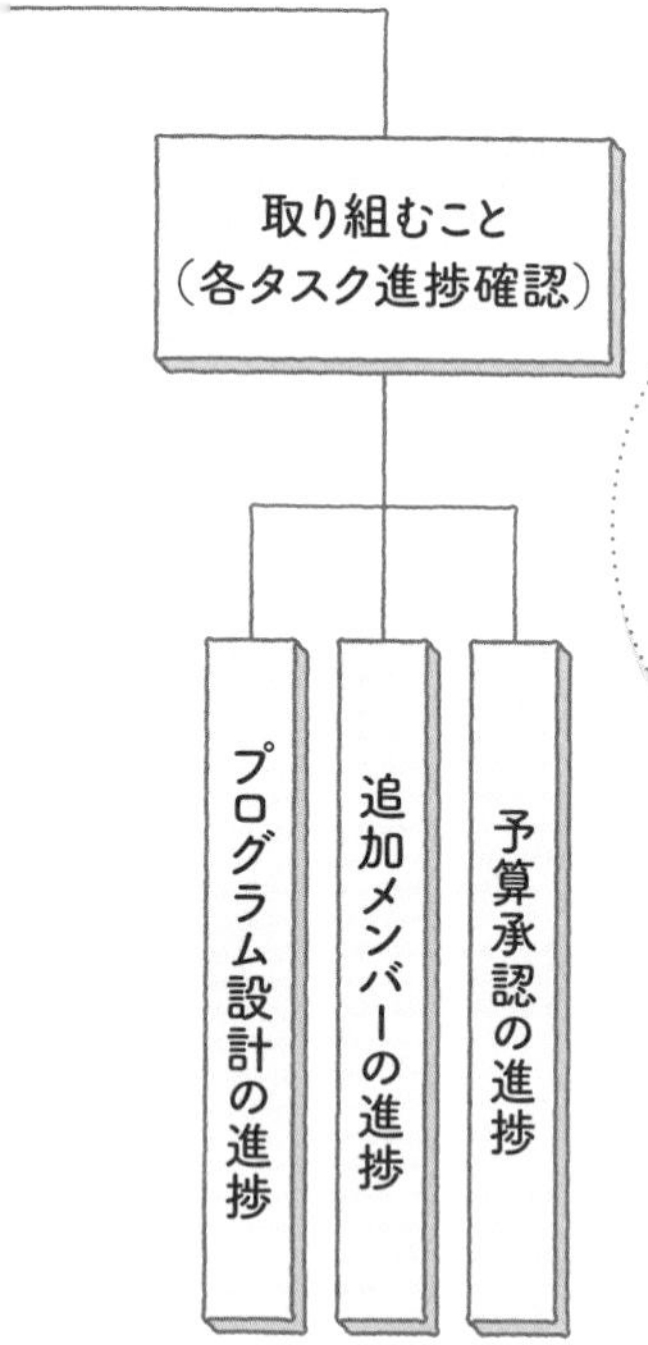

POINT

段階的に議題を細分化していく

一気に細分化するのではなく、議題を簡単に分解し、そこからさらに細かく考えます。

ゴールに向け、具体的な議題に細分化する

打ち合わせで最終的なゴールに導いていくには、細かな議題を設定する必要があります。その際に活用できるのが、フレームワークのビジネス書などでよく掲載されているロジックツリーという、**大きなゴールを細分化し、具体的な内容に落とし込んでいくフレームワーク**です。その際には、聞き慣れない言葉かもしれませんが“MECE（ミーシー）”に細分化していくのが重要になります。

目的

論点の整理

タイミング

打ち合わせの前

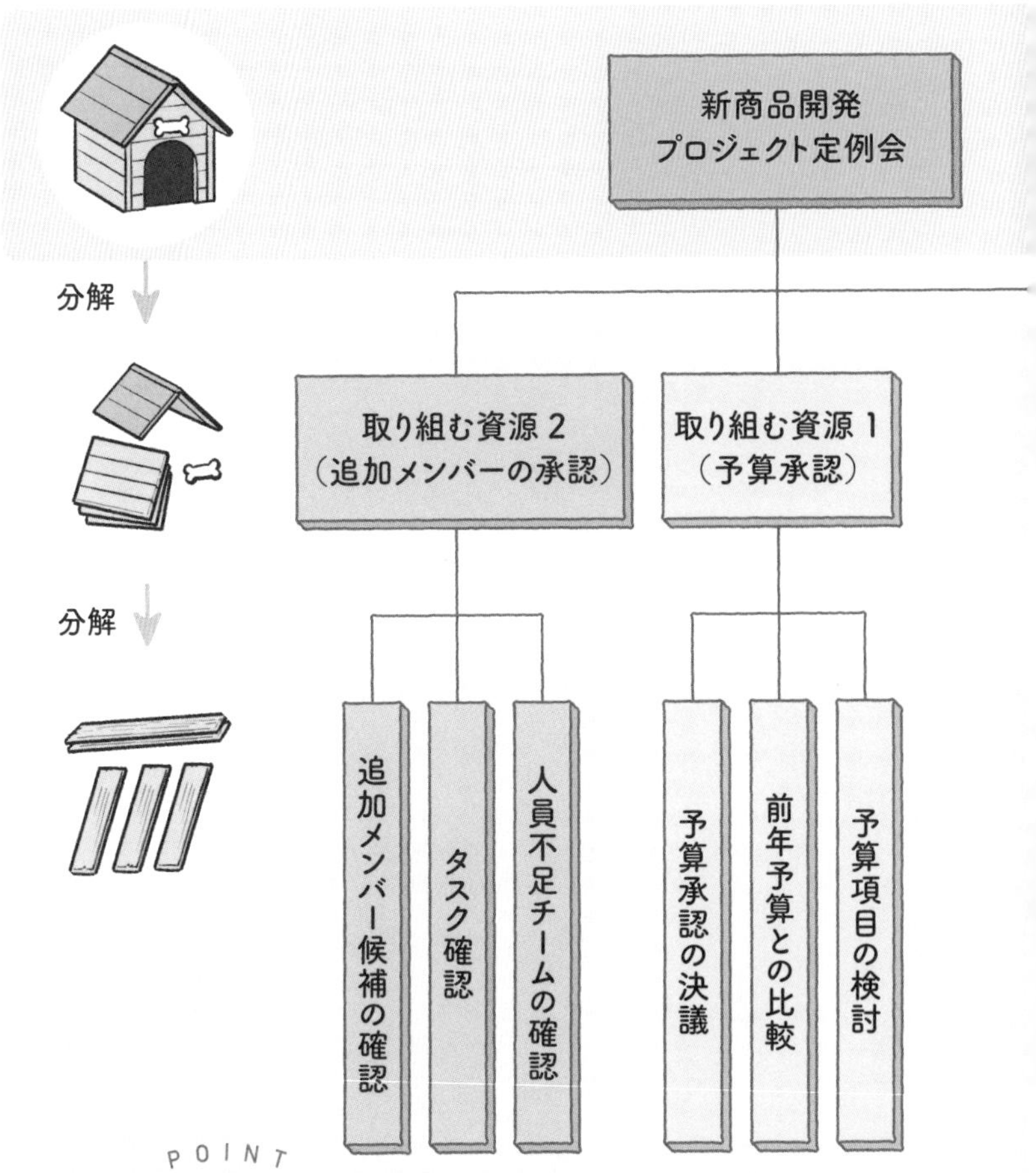

POINT

大きなものを“MECE”に分解して構造化

MECE（Mutually Exclusive and Collectively Exhaustive）とは「漏れなく、重なりなく」という意味です。

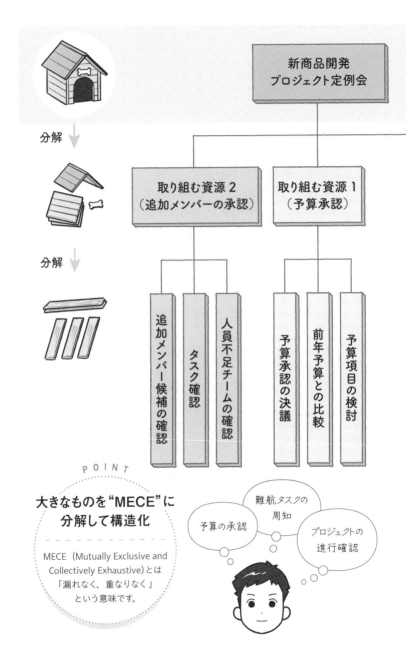

HOW TO USE ロジックツリーの活用法

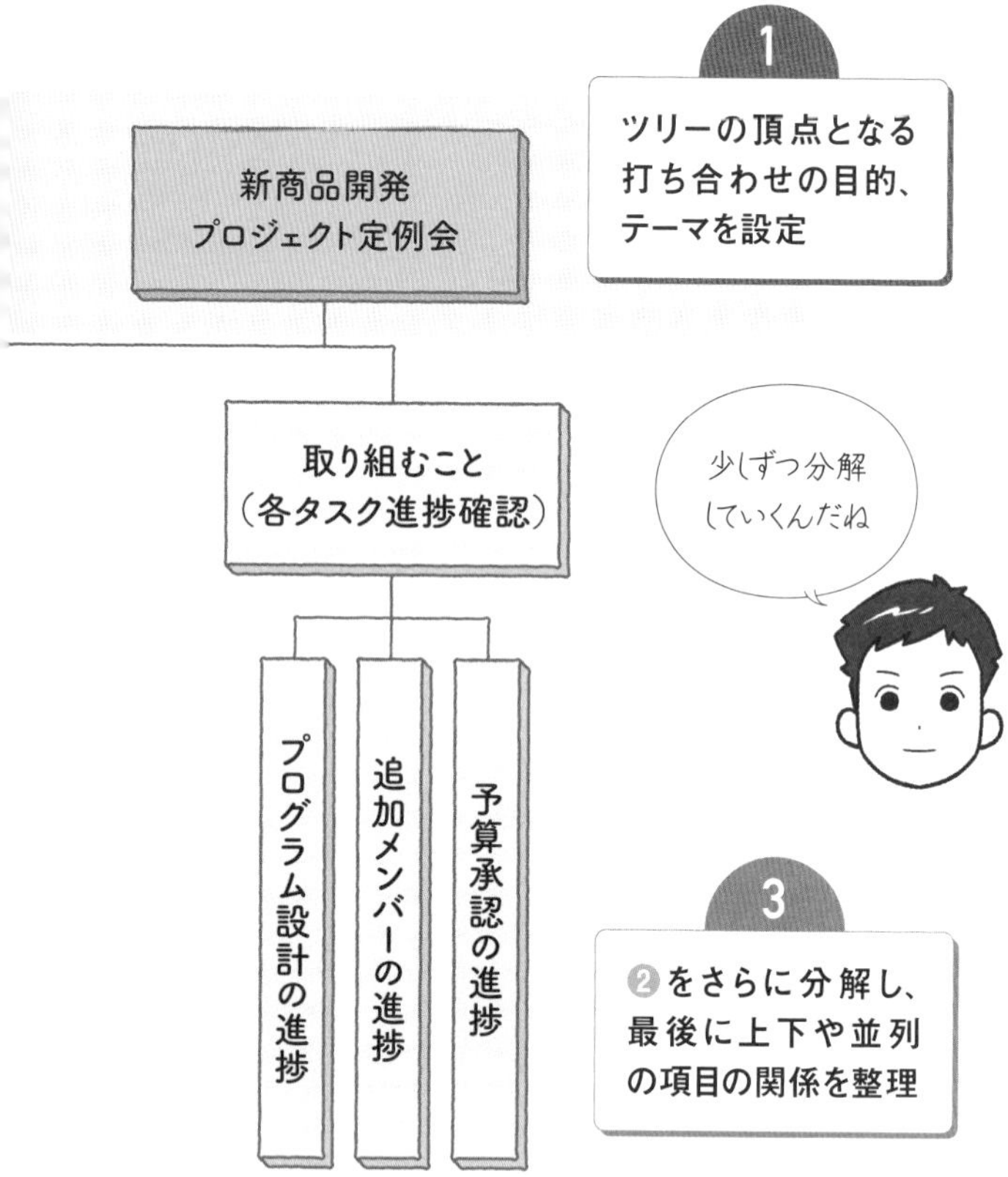
1
ツリーの頂点となる打ち合わせの目的、テーマを設定
新商品開発プロジェクト定例会
取り組むこと（各タスク進捗確認）
少しずつ分解していくんだね
プログラム設計の進捗
追加メンバーの進捗
予算承認の進捗
3
❷をさらに分解し、最後に上下や並列の項目の関係を整理

大きなテーマを具体的な議題へ分解する

打ち合わせを例に、ロジックツリーを使ってゴールへ向け、具体的な議題へと分解する方法を紹介します。まずは、**①頂点である打ち合わせのゴールを設定。**次に、**②テーマに対して「なにが必要か」「どんな要素があるか」などを考え、思いついた事象を書き出します。**まだこの段階では細かくはせず、大きめに分解しましょう。その後、先ほど書き出した事象をさらに細かく、**③具体的な議題を導きます。**最後に、上下や並列の各要素

ADVICE

MECEにするコツは、横のつながりは四則演算になっているかどうか。

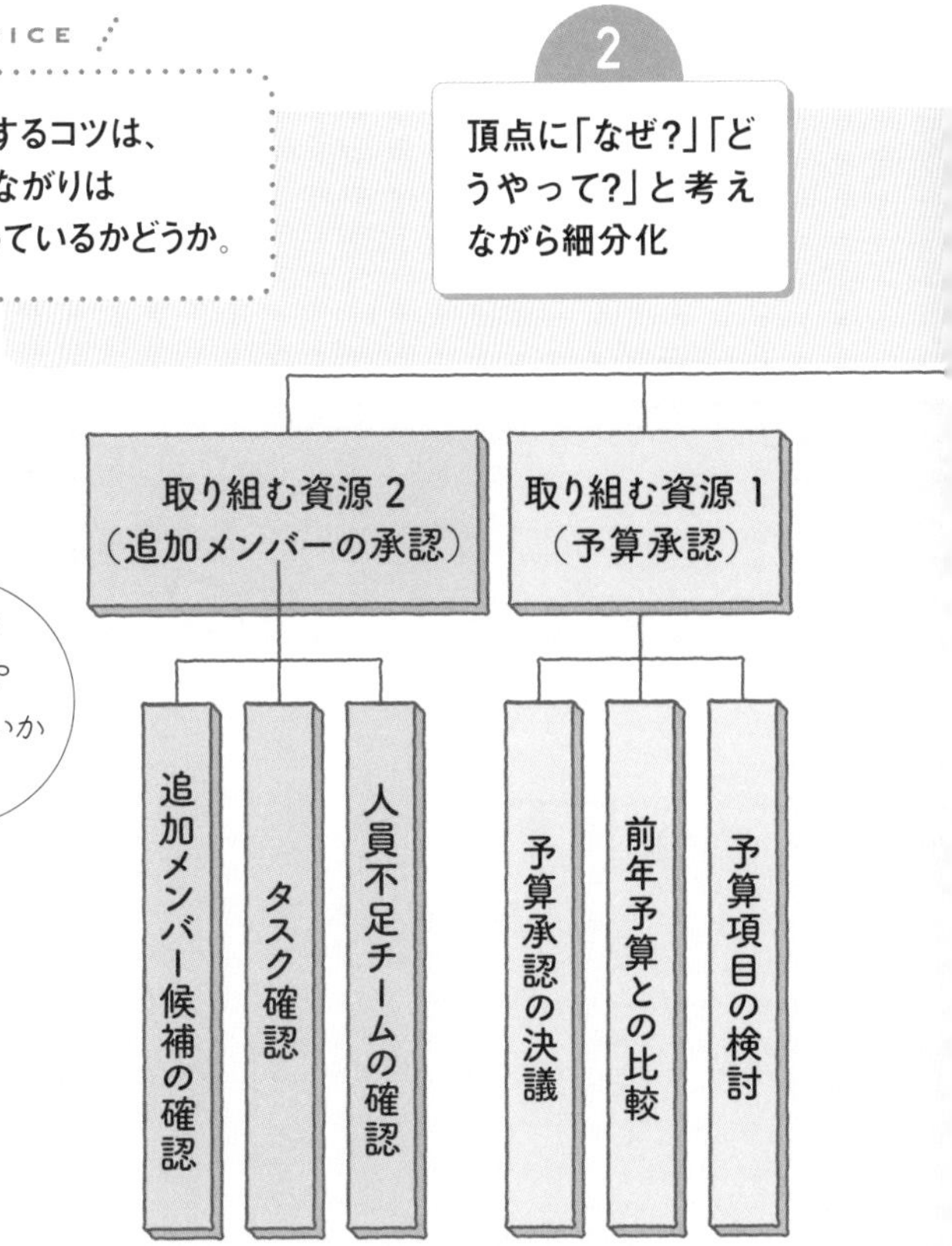

に、重なりや抜け漏れがないか（MECEかどうか）を整理します。横の並びは、「抜けていないか」「切り口や階層が異なっていないか」、縦の並びは「飛躍していないか」「必ず正しいといえるか」という視点で考えてください。

打ち合わせの議題を考える際のロジックツリーでは当てはまらないこともありますが、MECEであるかを確認する方法として、横のつながりは基本的に＋－×÷の四則演算で計算できる、言い換えれば単位が同じであることが目安になります（詳しくは次ページ）。

さまざまなシーンで活用できる ロジックツリー

製造業におけるコスト管理

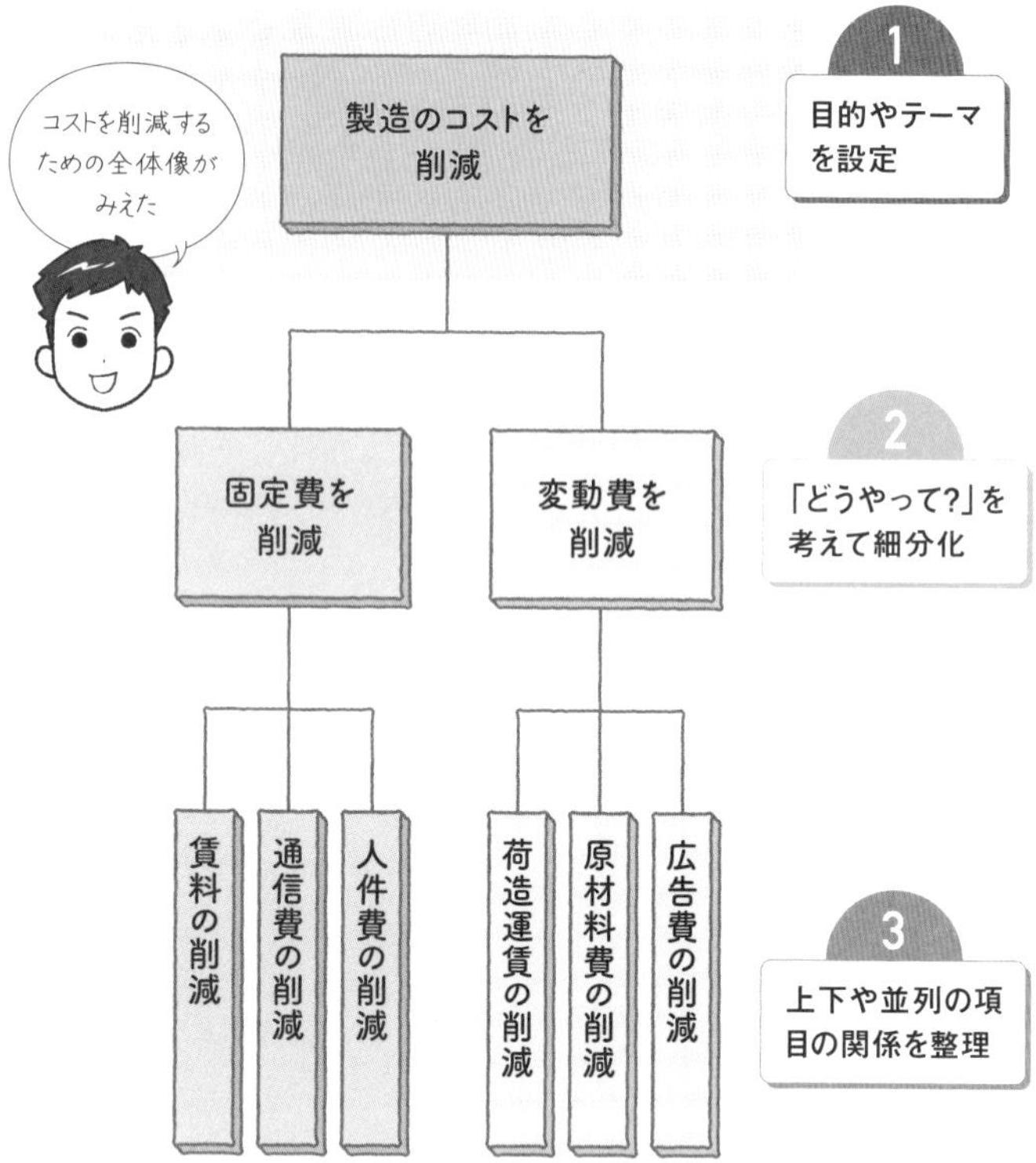

幅広いシーンで活用できる便利なロジックツリー

ロジックツリーは、テーマから議題を導くほかにも、**解決方法を網羅的な選択肢から検討**したり、**ある事象の全体像を把握**したりするのにも使える、汎用性の高いフレームワークです。問題を特定する際は「Whatツリー」、解決策を探す際は「Howツリー」、問題の原因を探す際は「Whyツリー」と呼ばれることもあります。

使い方は、「製造コストの削減」や「顧客の減少」など、**①頂点となるテーマを設定**

✕ 失敗例

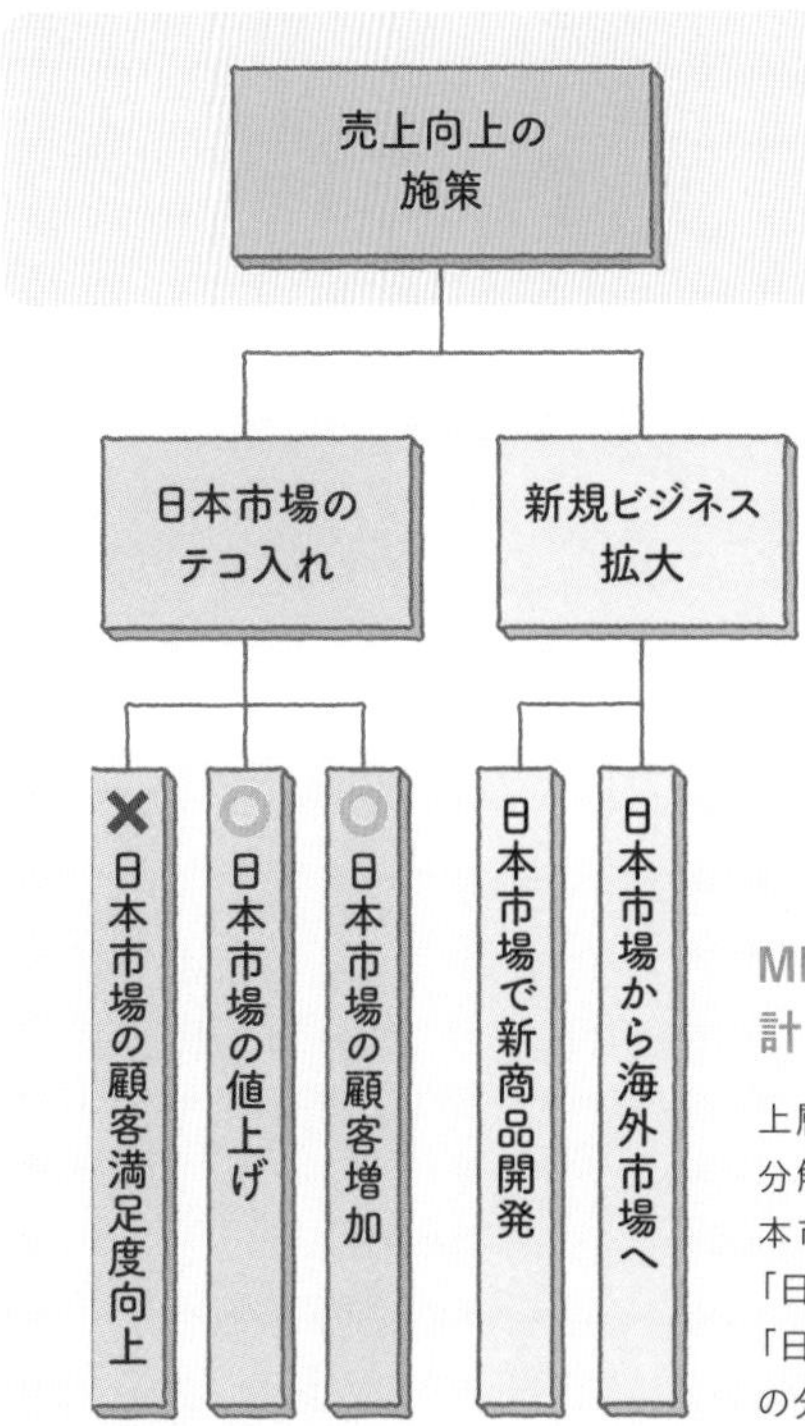

1 目的やテーマを設定

2 「どうやって?」を考えて細分化

3 上下や並列の項目の関係を整理

MECE な分解では計算できないものはまちがい!

上層の分解は MECE ですが、下層の分解で「日本市場の顧客増加」と「日本市場の値上げ」は掛け算ができ、「日本市場のテコ入れ」になりますが、「日本市場の顧客満足度向上」はこの分解には入りません。

し、そこから**②「どうやって」、もしくは「なぜ」と考えながら、大まかに分解**し、**具体的な事象へと細分化**し、最後に、**③並列の要素がまちがえていないか、切り口がずれていないかを検討**します。

先述の通り、ロジックツリーで「売上の減少」「コストの削減」「顧客の増加」などを頂点に置いた場合、横に並んだ要素は四則演算で計算が可能であり、その結果がひとつ上の階層の要素になります。〝MECE〟になっているかを見分けるポイントになるので、最終的に確認しましょう。

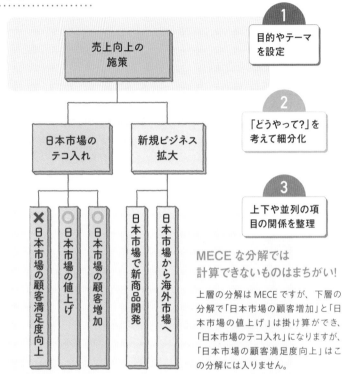

COLUMN

3

自分なりに仮説をもつことで正しい洞察に近づく

COLUMN2（P36）では、有効な洞察を得るには“太い因果関係”を探すことが重要と述べましたが、そのほかに重要なのが、「この情報からは、きっと○○○○がみえてくるはずだ」という**自分なりの仮説をもって、情報収集とフレームワークの活用を行うこと**です。もちろん、仮説はまちがえていてもまったく問題ありません。

仮説があれば、収集する情報を的確にしぼることができ、集めた情報によって仮説を検証することが可能になります。たとえ、仮説がまちがえていたとしても、「どこがちがうのか、なぜちがうのか」などを追及することで、正しい洞察に近づいていくでしょう。コンサルティング業界では仮説をもっている状態を「アンテナが立っている」などといいますが、**洞察を得るには事前にアンテナを立てておくことが必要**なのです。

情報をたくさん集めて整理をすれば、なにかしらの示唆がみつかるはずと勘ちがいをしているビジネスパーソンは少なくありません。しかし、実は事前に仮説をもたないで行う情報収集や情報整理は非常に効率が悪く、重要な洞察は得られないことが多いのです。

SECTION 2

正しいマーケティング戦略を立案するフレームワーク

“商品を売る”のに必要な戦略を考えます。専門のマーケターも活用するフレームワークです。

SWOT

目的 自社にとって有効な市場を探す

タイミング マーケティング戦略策定のはじめ

STP

目的 ターゲットと自社の強みを検討する

タイミング SWOT のあと

4P

目的 施策を実行するための方向性を検討

タイミング STP のあと

STEP 1

SWOT

まずは、自社の現状を4つにわけて整理

マーケティング戦略策定のフロー

- 環境分析 — SWOT分析
- ▼
- 戦略立案
- ▼ — STP
- 戦略実行
- ▼
- 戦略管理 — 4P

マーケティング戦略策定の際、はじめにSWOTで自社の環境を分析します。SWOTは、市場、競合、自社を対象とする現状分析の1つです。

POINT

内部／外部環境はコントロールできるか否か

自らコントロールできるのが内部環境で、自らは手を出せず、戦略の前提条件になるのが外部環境です。

外部環境を条件として自社の強みをいかせる市場をみつける

SWOTは、"外部環境"の良い面(Opportunity、機会)と悪い面(Threat、脅威)、"内部環境"の良い面(Strength、強み)と悪い面(Weakness、弱み)を整理するフレームワークです。コントロールのできない外部環境やその変化を前提条件として、コントロール可能な自社において、弱みの影響を受けずに、**強みを発揮できる市場を探す目的**で活用します。

目的

自社にとって有効な市場を探す

タイミング

マーケティング戦略策定のはじめ

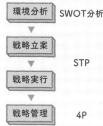

ゲキ安酒場
ゲキ安

内部と外部にわけて、強みと弱みが整理できた!

	プラス要因	マイナス要因
内部環境	S Strength（強み） ● 高品質な食材の入手ルートが増えた ● 高度な調理技術を持つ職人を雇用	W Weakness（弱み） ● 新メニュー開発に時間がかかる ● デリバリーはノウハウがない
外部環境	O Opportunity（機会） ● デリバリーへの支援金制度開始 ● 顧客から宅配を望む声が増えた	T Threat（脅威） ● 外食する人や接待が減少 ● 周辺に料金の安価な店が増加

HOW TO USE SWOTの活用法

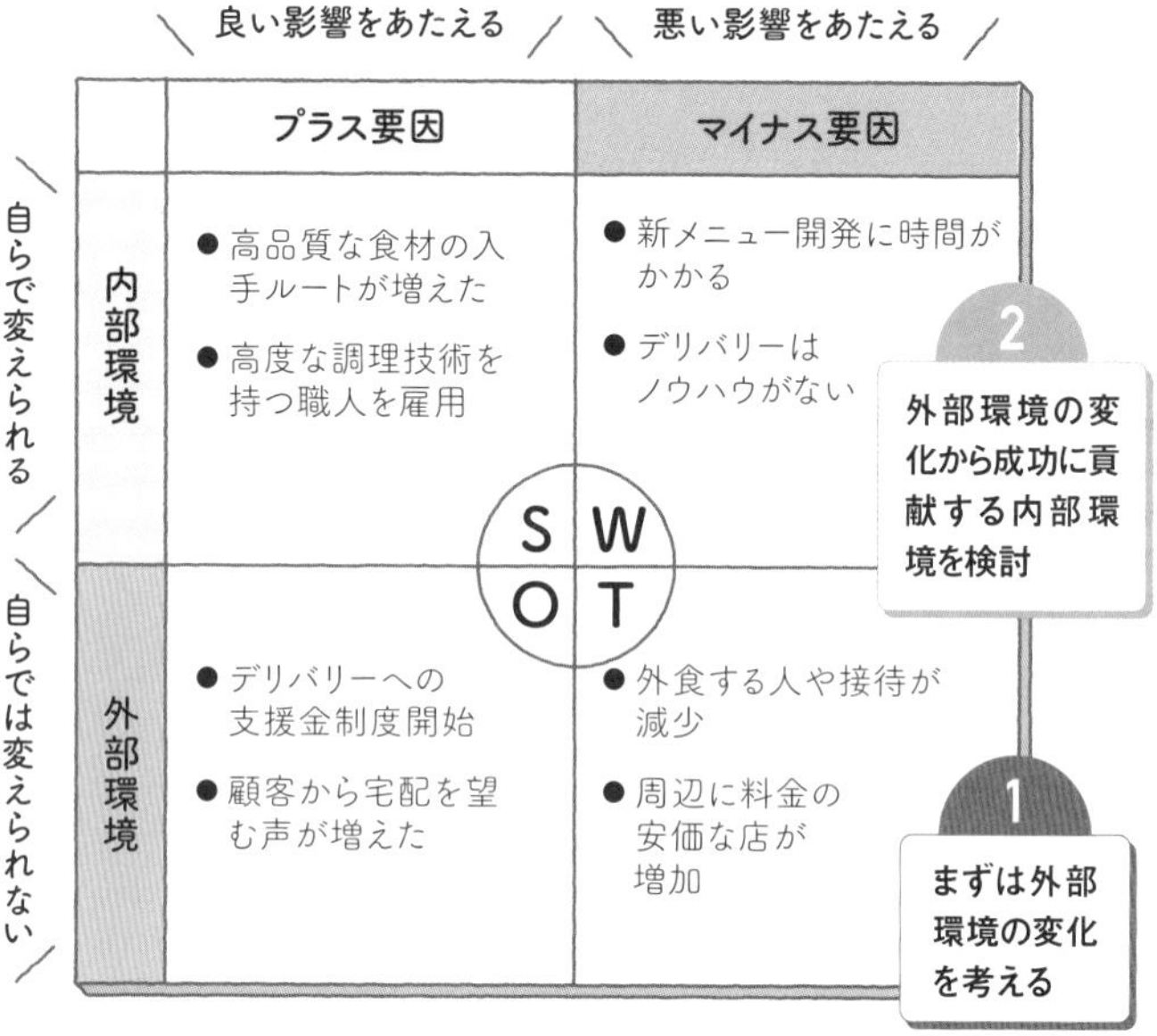

		プラス要因	マイナス要因
		良い影響をあたえる	悪い影響をあたえる
自らで変えられる	内部環境	● 高品質な食材の入手ルートが増えた ● 高度な調理技術を持つ職人を雇用	● 新メニュー開発に時間がかかる ● デリバリーはノウハウがない
自らでは変えられない	外部環境	● デリバリーへの支援金制度開始 ● 顧客から宅配を望む声が増えた	● 外食する人や接待が減少 ● 周辺に料金の安価な店が増加

ADVICE

自社の強みを発揮できる市場を探すという目的を意識しながら行うこと。

自社が成功できる市場はどこにある?

SWOTは、「内部環境」「外部環境」の「良い面」「悪い面」を4つの象限にわけて考えます。まずは①外部環境の変化を考え、それを前提条件として、②自社の強みや弱みを挙げていきます。

外部環境は無数にあると思いますが、自社に影響のある〝外部環境の変化〟だけを考えれば問題ありません。また、マーケティング戦略策定のSWOTでは、**「チャンスがあり、強みを発揮できる市**

戦略立案を助ける

クロスSWOT

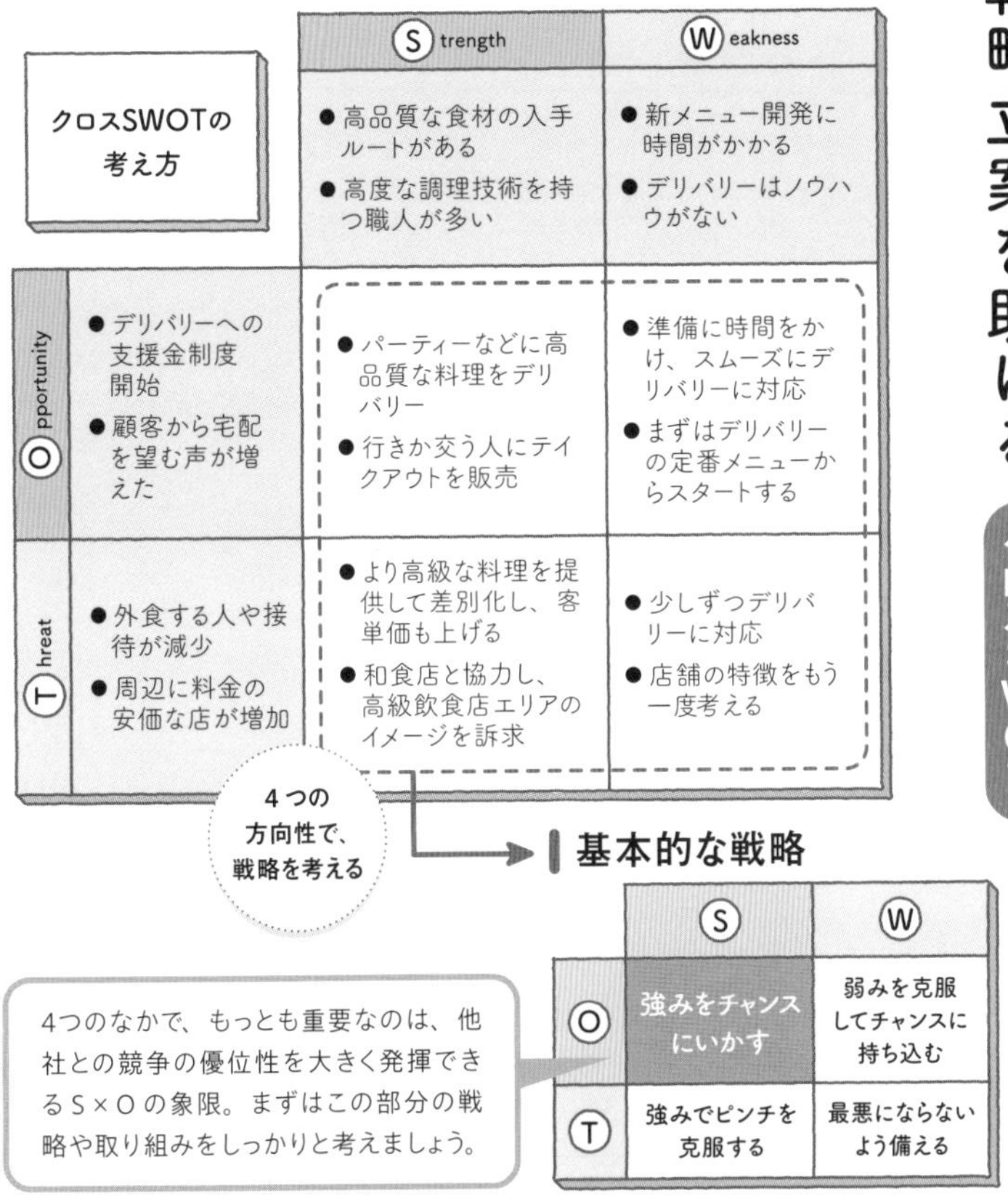

	ⓢ trength	Ⓦ eakness
	● 高品質な食材の入手ルートがある ● 高度な調理技術を持つ職人が多い	● 新メニュー開発に時間がかかる ● デリバリーはノウハウがない
Ⓞ pportunity ● デリバリーへの支援金制度開始 ● 顧客から宅配を望む声が増えた	● パーティーなどに高品質な料理をデリバリー ● 行きか交う人にテイクアウトを販売	● 準備に時間をかけ、スムーズにデリバリーに対応 ● まずはデリバリーの定番メニューからスタートする
Ⓣ hreat ● 外食する人や接待が減少 ● 周辺に料金の安価な店が増加	● より高級な料理を提供して差別化し、客単価も上げる ● 和食店と協力し、高級飲食店エリアのイメージを訴求	● 少しずつデリバリーに対応 ● 店舗の特徴をもう一度考える

基本的な戦略

	ⓢ	Ⓦ
Ⓞ	強みをチャンスにいかす	弱みを克服してチャンスに持ち込む
Ⓣ	強みでピンチを克服する	最悪にならないよう備える

4つのなかで、もっとも重要なのは、他社との競争の優位性を大きく発揮できるＳ×Ｏの象限。まずはこの部分の戦略や取り組みをしっかりと考えましょう。

場をみつける」という目的を常に意識しながら行うのが大切です。

SWOTからさらにマトリクスをつくり、各象限ごとに方向性をわけ、実際の取り組みや戦略を考えるフレームワークがクロスSWOTです。

具体的には、「S（強み）」と「O（機会）」が交わる左上の象限は、SとOで挙げた要素を組み合わせて、「強みをチャンスにいかす」方向の戦略を練ります。同様に、ほかの3つの象限も、それぞれ異なる方向性（上記参照）で、取り組みを考えてみましょう。

STEP 2

STP

市場を細分化してターゲットを定め、強みで勝負

目的

ターゲットと自社の強みを検討する

タイミング

SWOT のあと

Ⓢegmentation

まずは、年齢やニーズなどの属性で市場を分解

まずは、市場を MECE に区分け。

マーケティング戦略策定のフロー

環境分析	SWOT分析
▼	
戦略立案	STP
▼	
戦略実行	
▼	
戦略管理	4P

SWOTによって、自社の強みをいかせる市場を探したら、次はSTPというフレームワークで具体的な戦略立案に取り組み、実行に移していきます。

Positioning

ターゲットに向け、自社が有利な 2 つの強みを検討

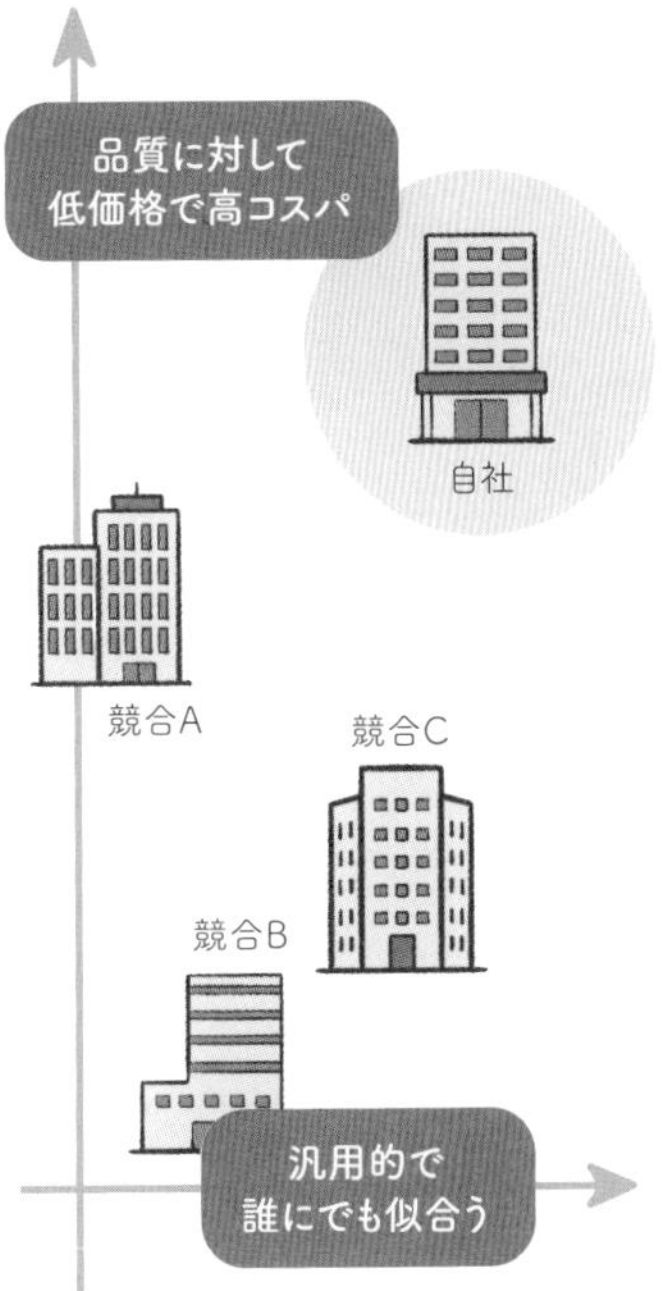

ターゲットに向け、競合と比較して自社がもっとも有利に競争できるポジションを探します。

Targeting

市場のなかからターゲットにするセグメントを選択

区分けしたなかから、次は、製品やサービスを販売するべきセグメントを探し、ターゲットを明確にします。

自社の強みを発揮できるエリアを探すマーケティングのキモ

STP は、Segmentation（セグメンテーション）と、Targeting（ターゲティング）、Positioning（ポジショニング）の 3 つのフローがあり、**自社の製品やサービスがねらうべきターゲットや訴求ポイントを明確**にします。

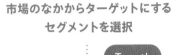

HOW TO USE

Segmentationの活用法

1

ある市場全体の属性や特性、ニーズを考える

まずは、自社の市場全体を考えます。図ではわかりやすくするため、人で考えてみます。

セグメンテーションをする際の切り口

人口動態	年齢、性別、家族構成、職業、最終学歴、世帯人数など
地理性	地域、人口密度、気候、住まい、文化、行動範囲など
社会心理	ライフスタイル、趣味、価値観、パーソナリティなど
行動	購買活動、購買心理、使用状況、製品への知識量など

クッキーを割るように市場を小さく分解

最初に行うSegmentationとは、対象とした市場を細かい区分に分解すること。なぜなら資金や労働力などの経営資源は有限であるため、**市場全体から自社が優位な〝特定の市場〟を選ぶ必要があります。**また、現在は多くの市場が〝成熟市場〟と呼ばれる段階で、その結果、消費者のニーズも細分化しており、商品の魅力を感じてもらうには、対象を定めることが重要なのです。

具体的な方法としては、主に

2 市場をMECEに分解する

ADVICE

あまり細かく分解すると
ビジネスが成立しないため、
分解は「適正規模」に。

「人口動態」「地理性」「社会心理」「行動」などの切り口で市場を分解していきます。ポイントは「同質とみなせる」ように分解すること。マーケティングは、〝効率的に消費者へ訴求する〟ために行うものですから、同質でない、言い換えればマーケティングが効く区分と効かない区分が混在している分解では意味がなくなってしまいます。そのため、**ある製品やサービスに期待できる反応として「同質とみなせる」ことが大切**なのです。

また、抜け漏れを防ぐためにP43で紹介したようにMECEに分解することも重要です。

〈Segmentationをした市場〉

1

各区分のなかで、ターゲットにできそうなセグメントを考える

区分した市場から、自社の対象にできるターゲットを考えます。現実では、各セグメンテーションの大きさは異なります。

分解した区分のなかから ねらうべき相手を選択

Targetingでは、Segmentationで切りわけた市場から、参入する特定の市場を定めます。ポイントは、「将来を含めた市場規模」と「測定と到達ができること」の2つ。

これから参入する市場では、ある程度の将来まで成長する、もしくは、最低でも維持する規模でないと、ビジネスができません。ですから、**「将来を含めた市場規模」を考える**必要があります。

また、文化や言語が異なるとニーズの測定が困難であり、

〈市場からターゲットを決める〉

ADVICE

「将来までの市場規模」
「ニーズ測定の可否」
「商品の到達(購入)の可否」を
検討し、ターゲットを決めましょう。

2

❶で選んだセグメントのなかで、適切なものをターゲットに設定

遠く離れた海外などは特別なルートがない限り、製品やサービスを到達させることが難しいでしょう。**自社でニーズを測定でき、かつ製品やサービスを到達させられることも重要**なポイントです。

例えば、フィットネス市場において、過疎化・高齢化が進む海外の地方都市で高齢者向けジムを行うというTargetingは、過疎化によって市場規模は縮小していきますし、「測定と到達」の面でも、多くの日本の企業にとっては適切とはいえないのです。

1 まずは、自社製品・サービスの強みを考える

自社の製品・サービスの強み

- 健康への影響を徹底的に考えた開発力
- 業界内で先んじて新商品を発表する開発速度
- 複数の原材料輸入先を確保し、安定した供給力
- 次から次へと新商品を試せる商品展開力
- 古くから健康食品の製造販売をしてきた安心感
- 小売店への卸や直接販売、特に小さな店舗への販売チャネルに強い

ADVICE

訴求するのはターゲットのニーズに合う、競合企業ともっとも大きく異なる自社の強み。

自分でいうのはちょっと恥ずかしいな

訴求ポイント＝強み＝競合と大きく異なること

STPの最後は、Positioningで、自社の製品やサービスを選んでもらう訴求ポイントを明確にします。ブルーオシャンなら重要ではありませんが、多くの市場には競合がいるため、検討が必要です。訴求ポイントとは、自社の製品やサービスの強み。特に大切なのが、**〝SとTで明確になったターゲットのニーズに合う〟強み**です。

まずは考えられる強みをすべて挙げます。そのなかで、**もっとも有効な強みは競合企業との**

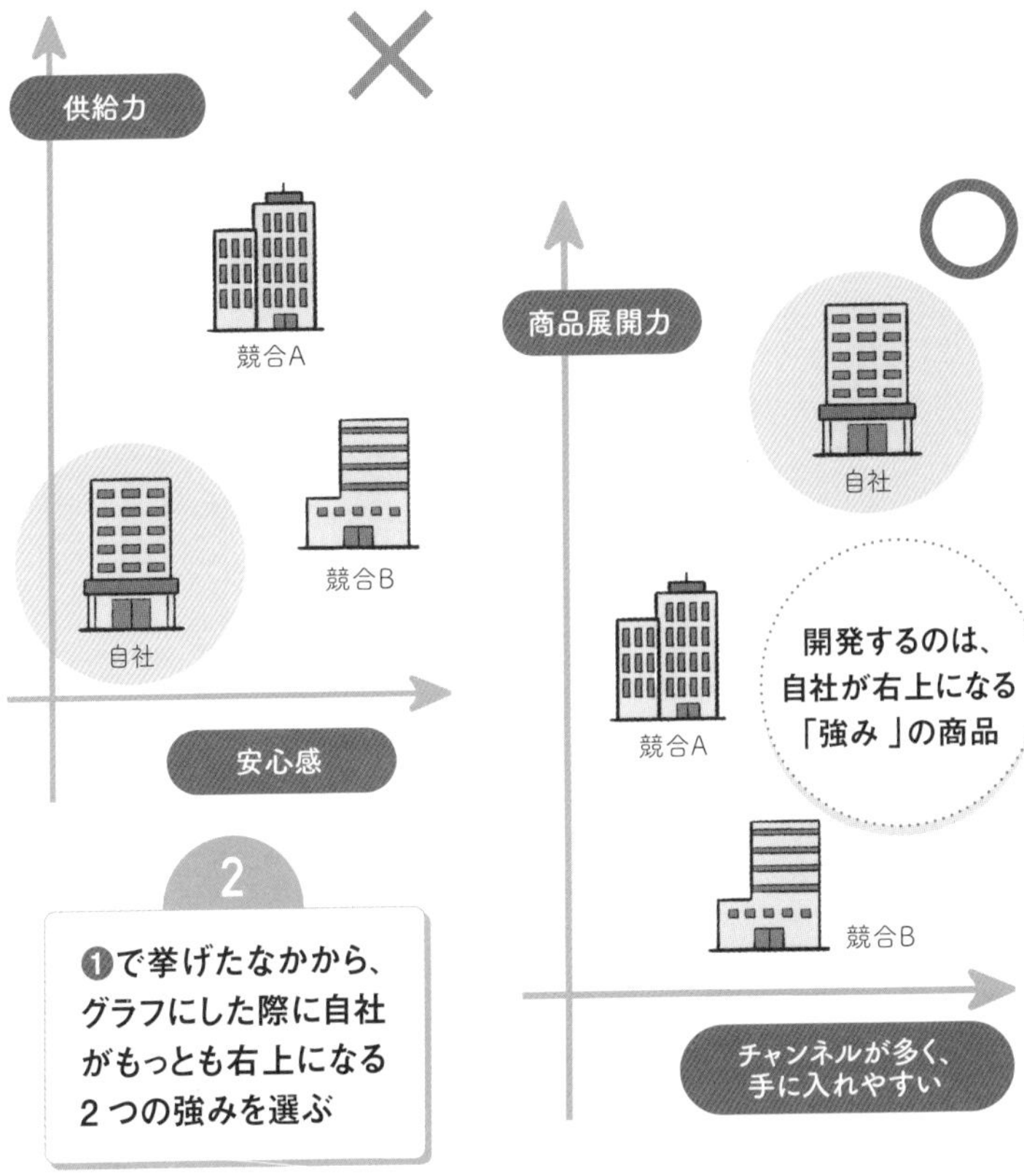

ちがい。これをみつけるため、挙げた強みから2つを選んで縦軸と横軸にして表をつくり、自社と競合の位置をプロットします。自社がもっとも右上に来た2つが、競合とのちがいの大きい、有効な強みです。

注意が必要なのが、自社が右上に来たとしても、すぐ近くに競合がプロットされた場合、「どちらも優れている」ということですので、強みにはなりません。右上の象限にプロットされるのが自社のみである状態が理想で、もしくは、自社と競合が離れた位置にプロットされる2つの強みを探しましょう。

STEP 3

4P

ここまで来れば、商品や展開はもう決まっている

S T
30代で、健康意識が中〜高い人が対象
P
次から次へと新商品を試せ、好きな場所で手に入れられる販売チャネルをいかす

マーケティング戦略策定のフロー

- 環境分析 — SWOT分析
- ▼ 戦略立案 — STP
- ▼ 戦略実行
- ▼ 戦略管理 — 4P

STPができたら、マーケティング戦略策定の最後に4Pというフレームワークで、「価格」や「プロモーションの手法」といった具体的な内容を決め、マーケティング戦略の管理を行います。

POINT

STPのあとなら、4Pは自動的に決定

STPで考えた内容をもとに、商品や価格、流通・販売チャネル、販促の内容を決めます。

いよいよ実際の商品や展開を決めるのか

STPで考えたターゲットや訴求ポイントを実行にうつす

Product（商品）、Price（価格）、Place（流通・販売チャネル）、Promotion（販促）の頭文字である4P。前述のSTPができていれば、**具体的な商品のイメージやプロモーションの手法はすぐに見えてきます**。また、4Pを使えば、自社のマーケティング戦略を立案するだけでなく、競合他社の戦略を分析することも可能です。

目的

施策を実行するための方向性を検討

タイミング

STPのあと

4P

Product（商品）

開発頻度の高い商品づくりを目指し、新商品を続々と展開します。

Price（価格）

30代がターゲットのため、若者向けほど安価にする必要はありません。

Place（流通）

健康意識が高そうな人々の多いエリアで新商品を販売します。

Promotion（販促）

近くの野菜店で販売している有機野菜や付近の書店の特集コーナーと一緒に販促をします。

HOW TO USE

4Pの活用法

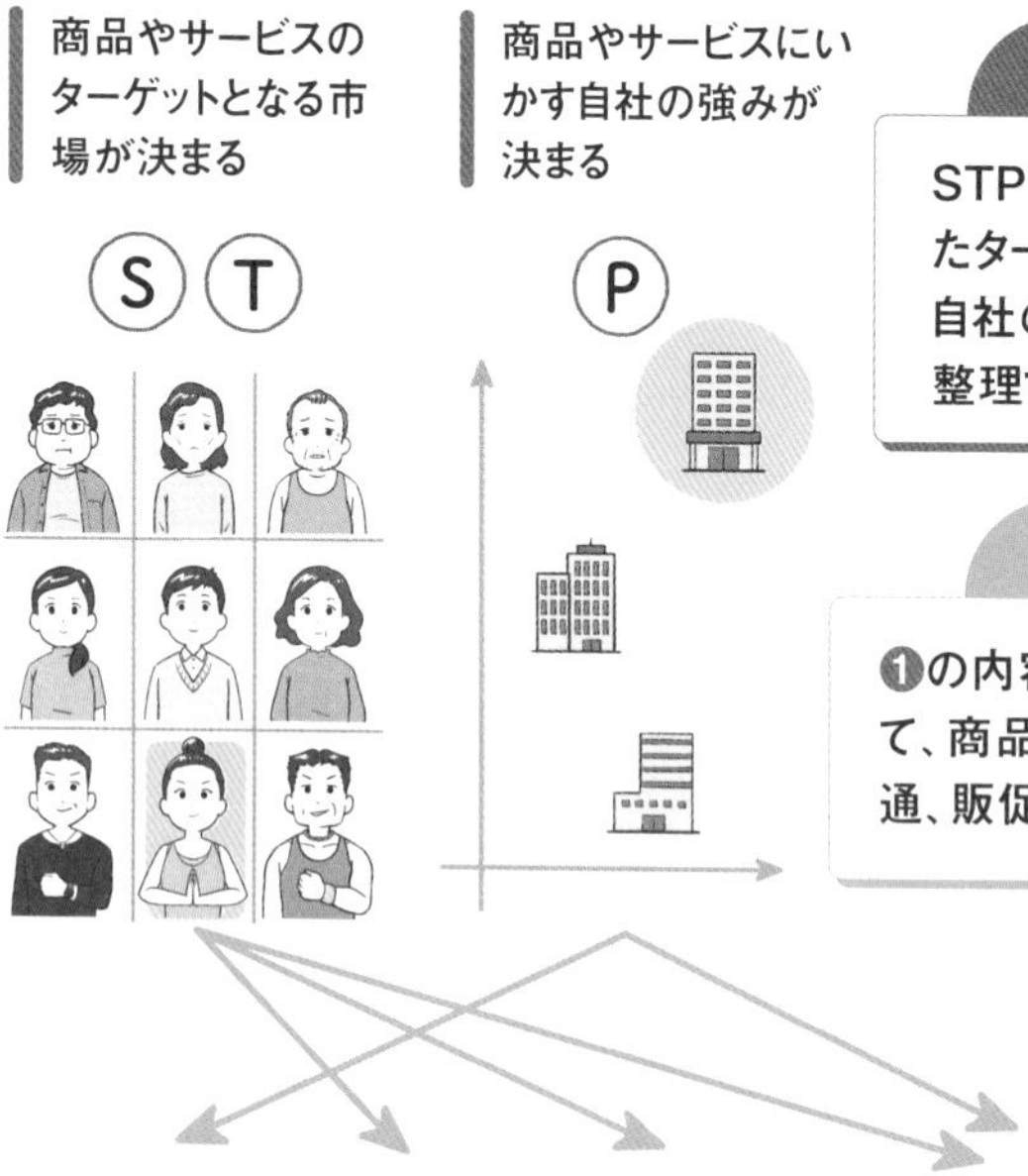

商品やサービスのターゲットとなる市場が決まる
商品やサービスにいかす自社の強みが決まる
S
T
P

1

STPで分析したターゲットや自社の強みを整理する

2

❶の内容に合わせて、商品、価格、流通、販促を具体化

P roduct（商品）

STPで明らかになった、ターゲットに向けた強みを発揮できる商品を販売します。

P rice（価格）

ターゲットの年齢や生活習慣などを明確にしたことで、価格の上限が決まります。

P lace（流通）

Priceと同様に実店舗やWebなどターゲットに合わせた流通・販売チャンネルが決定。

P romotion（販促）

明確なターゲットに向け、商品の強みを訴求するための販促活動を展開します。

具体的なマーケティング手法を考える

STPができれば、Product（商品）、Price（価格）、Place（流通・販売チャネル）、Promotion（販促）は、自然と定まってきます。**「商品」は、明確になった自社の強みをいかしたもの**になりますし、**ターゲットに合わせて、「価格」の上限や、「流通・販売チャネル」が決まります。「販促」も〝訴求ポイント〟を〝ターゲット〟に届ける**ためのプロモーションを行えばいいのです。4Pはあくまでマーケ

他社の分析にも使える

4P

4P	競合他社のマーケティング	自社との比較
P roduct（商品）	従来の成分の効果を強化した商品だが、商品自体の新しさは少ない	成分の吸収率は2倍なので勝っている
P rice（価格）	類似商品と比べると、価格は低いが、ポイントになるほど安くはない	価格差はあるものの、現在の価格でも十分に競争力はある
P lace（流通）	Webでの通販が中心だが、若い人が集まるファッションビルでも販売	ターゲット顧客が30代の健康意識(高)なので、リアル店舗割合が高くても問題ない
P romotion（販促）	広告には若い男女に人気の高いモデルを起用している	モデルよりも商品にフォーカスしたPRをしたほうが差別化になる

最新機種
同じような商品でも
まるっきりちがうんだな

ティング戦略の手段であり、常にSTPのあとに決まるものになります。

また、4Pというフレームワークは STPとは異なる場面、競合企業のマーケティング戦略を分析する際にも使うことができます。「商品」「価格」「流通・販売チャネル」「販促」それぞれの要素で、他社の戦略をチェックし、自社と比較すれば、自社の優位性が見えてくるでしょう。特に、現在は「商品」にはちがいがなくとも、「販促」に多様な手法があるので、検討してみると、マーケティングのヒントが見つかるはずです。

COLUMN

4

ビジネスでは自らの洞察に勇気をもつことも必要

自分なりに情報分析をして洞察を導いたら、あとは、意外かもしれませんが、ビジネスでも**勇気をもつことが求められます。**

というのも、100%まちがいのない（と思われる）洞察を得ようとした場合、自社はもちろん、市場や顧客、競合まで含め、ありとあらゆる情報が必要になり、また、分析にも膨大な時間がかかってしまいます。経営資源的にも時間的にもそれは現実的ではなく、もともと効率的に仕事をするためにフレームワークはありますから、逆効果になってしまいます。よっぽど熟練した伝説的なコンサルタントなどでない限りは、**完ぺきな洞察というのは、ほとんど不可能**なのです（できたとしても、それは結果論です）。

ですから、限られた情報を集め、フレームワークを使って整理し、自分なりに考えて洞察を導いたら、あとは勇気をもって決断することが大切です。もちろん、初めのうちは上司などから、反対意見が出る場合が多いと思いますが、それを受けて改善していけばいいのです。こうしたやりとりを繰り返すことで、本当の洞察力が身についていくでしょう。

SECTION 3

チームメンバーを上手にマネジメントするフレームワーク

プロジェクトリーダーなどがチームの管理をする際に使えるフレームワークを紹介します。

As is ／ To be + WBS

目的　問題やギャップの把握と解決フローの整理

タイミング　プロジェクトや部署の管理時

SMART

目的　チームの目標設定

タイミング　プロジェクトや部署の管理時

タスク優先度マトリクス

目的　タスクに優先順位をつける

タイミング　基本的にはプロジェクト始動時のみ

As is ／ To be ＋ WBS

現実と目指すべきゴールから、具体的にギャップを考える

As is

シーン
コミュニケーションが
不足しているな…

POINT

スタートとゴールを明らかにし、2つの間を浮き上がらせる

ほとんどの問題解決は、あるべき姿と現状を明確にし、ギャップを把握することからはじまります。

目的

問題やギャップの把握と解決フローの整理

タイミング

プロジェクトや部署の管理時

現状から到達するべき姿までの道のりを明確にする

As is ／ To be + WBS は、**「現状／あるべき姿」を明確にする「As is ／ To be」**と、**両者の間で現状をあるべき姿に変えていく作業を構造化する「WBS（Work Breakdown Structure）」**という2つのフレームワークから成り立っています。どちらも単体で使えますが、本書では2つを合わせた活用法を紹介します。

To be

おもしろそう！
ワイワイ
こんな新規企画
やりましょうよ！
いいアイディアだな！

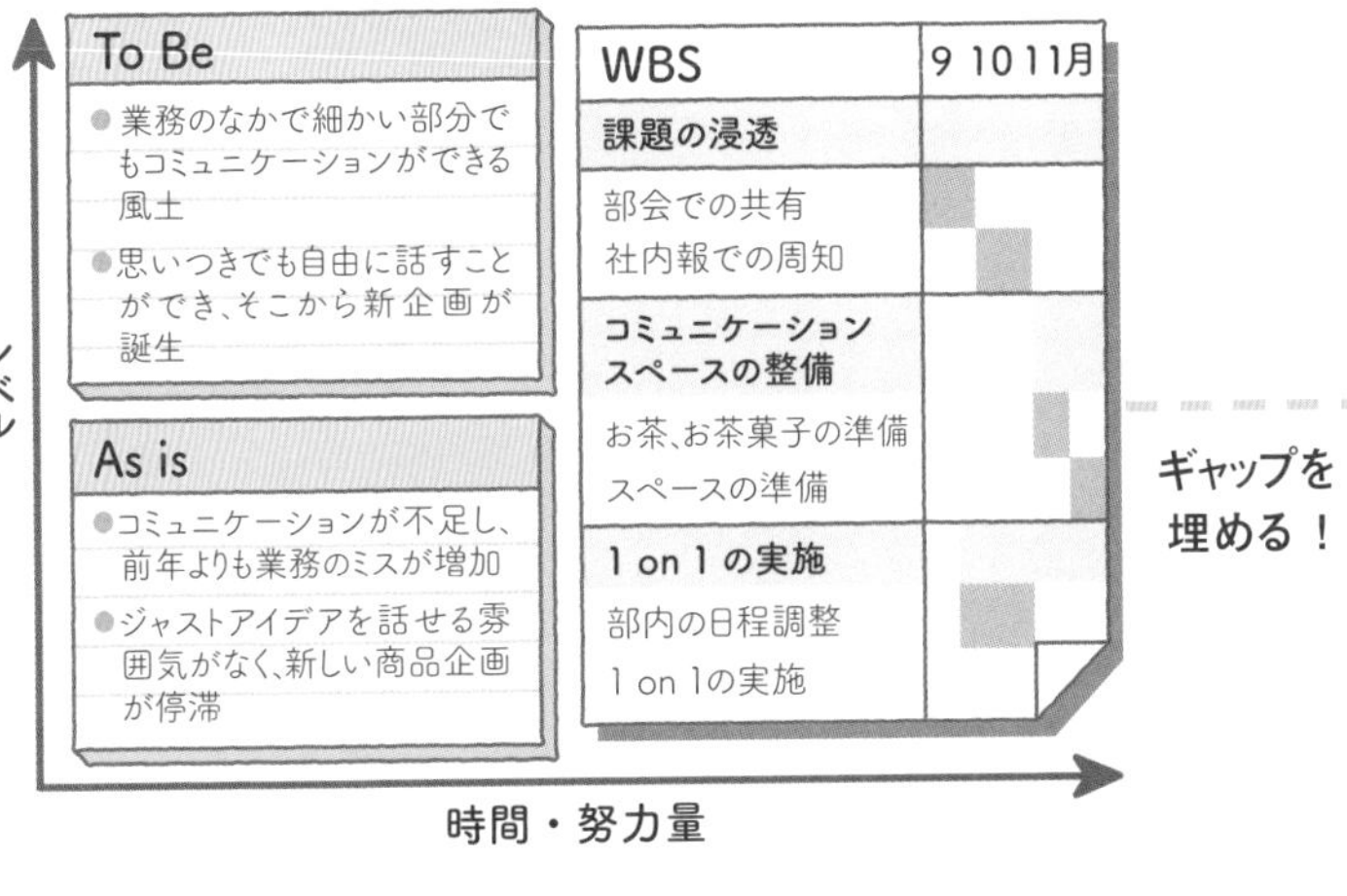

To Be
業務のなかで細かい部分でもコミュニケーションができる風土
思いつきでも自由に話すことができ、そこから新企画が誕生
As is
コミュニケーションが不足し、前年よりも業務のミスが増加
ジャストアイデアを話せる雰囲気がなく、新しい商品企画が停滞
レベル
WBS
9 10 11月
課題の浸透
部会での共有
社内報での周知
コミュニケーションスペースの整備
お茶、お茶菓子の準備
スペースの準備
1 on 1 の実施
部内の日程調整
1 on 1の実施
ギャップを埋める！
時間・努力量

HOW TO USE

As is／To beの活用法

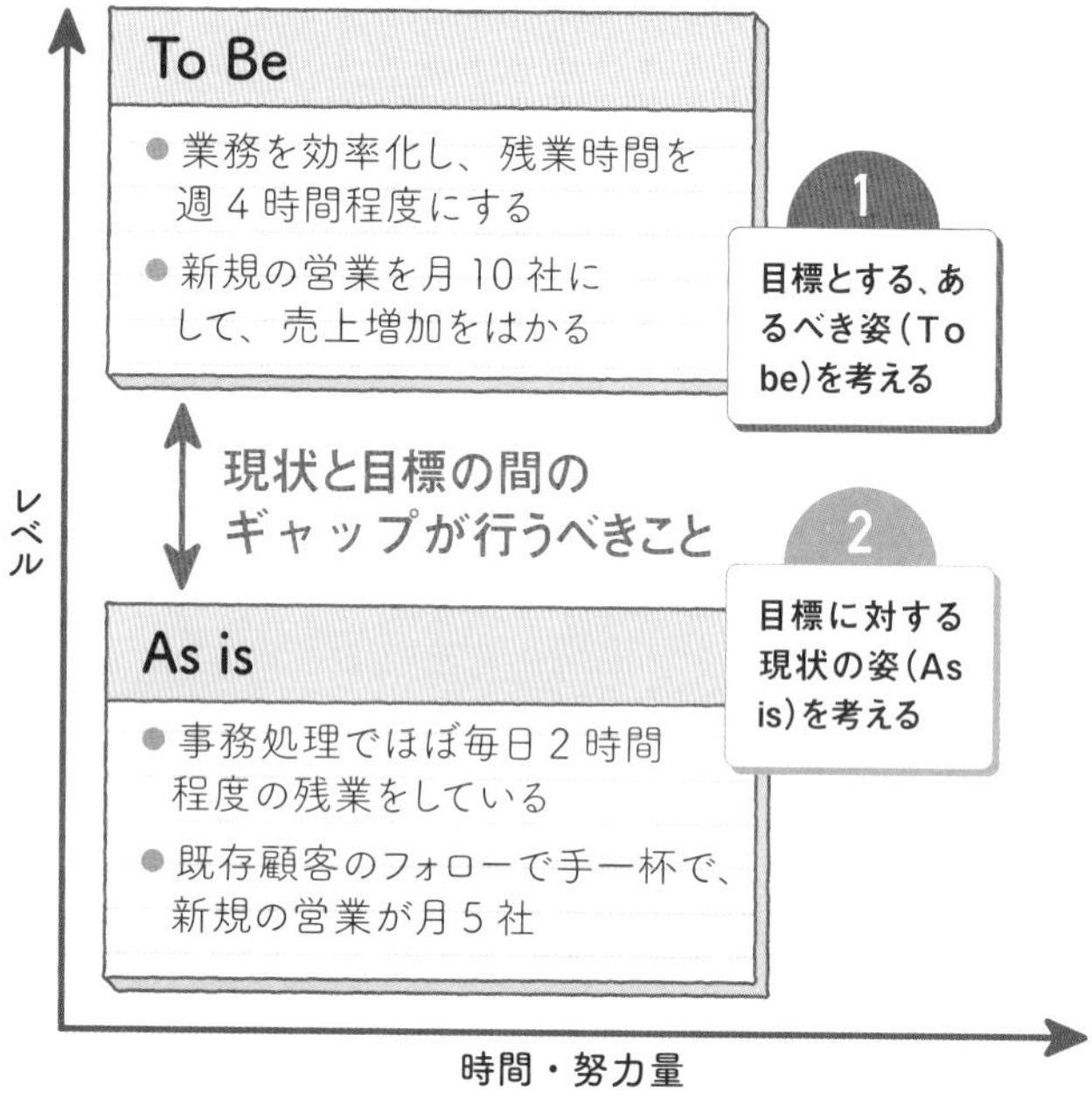
To Be
業務を効率化し、残業時間を週4時間程度にする
新規の営業を月10社にして、売上増加をはかる
1
目標とする、あるべき姿(To be)を考える
現状と目標の間のギャップが行うべきこと
2
目標に対する現状の姿(As is)を考える
As is
事務処理でほぼ毎日2時間程度の残業をしている
既存顧客のフォローで手一杯で、新規の営業が月5社
レベル
時間・努力量

ADVICE

最初にチームや組織の理想像(=あるべき姿)を考えてから、リアルな現状を認識しましょう。

まずは、〝現状〟と〝あるべき姿〟を明確化

まずは、As is／To be＋WBSのなかで、「As is／To be」の活用法を紹介します。ここでいう「As is」とは〝現状〟であり、「To be」とは〝あるべき姿〟のこと。ビジネスで登場するほとんどすべての問題解決は、現状とあるべき姿の2つの間にあるギャップを明確にすることがスタートです。このフレームワークは具体的なプロジェクトでも、部署のマネジメントでも、企業全体の運営でも活用できます。

個人の現状と目標を明確にする際にも使える

As is／To be

As is ／ To be を個人の目標達成に活用する

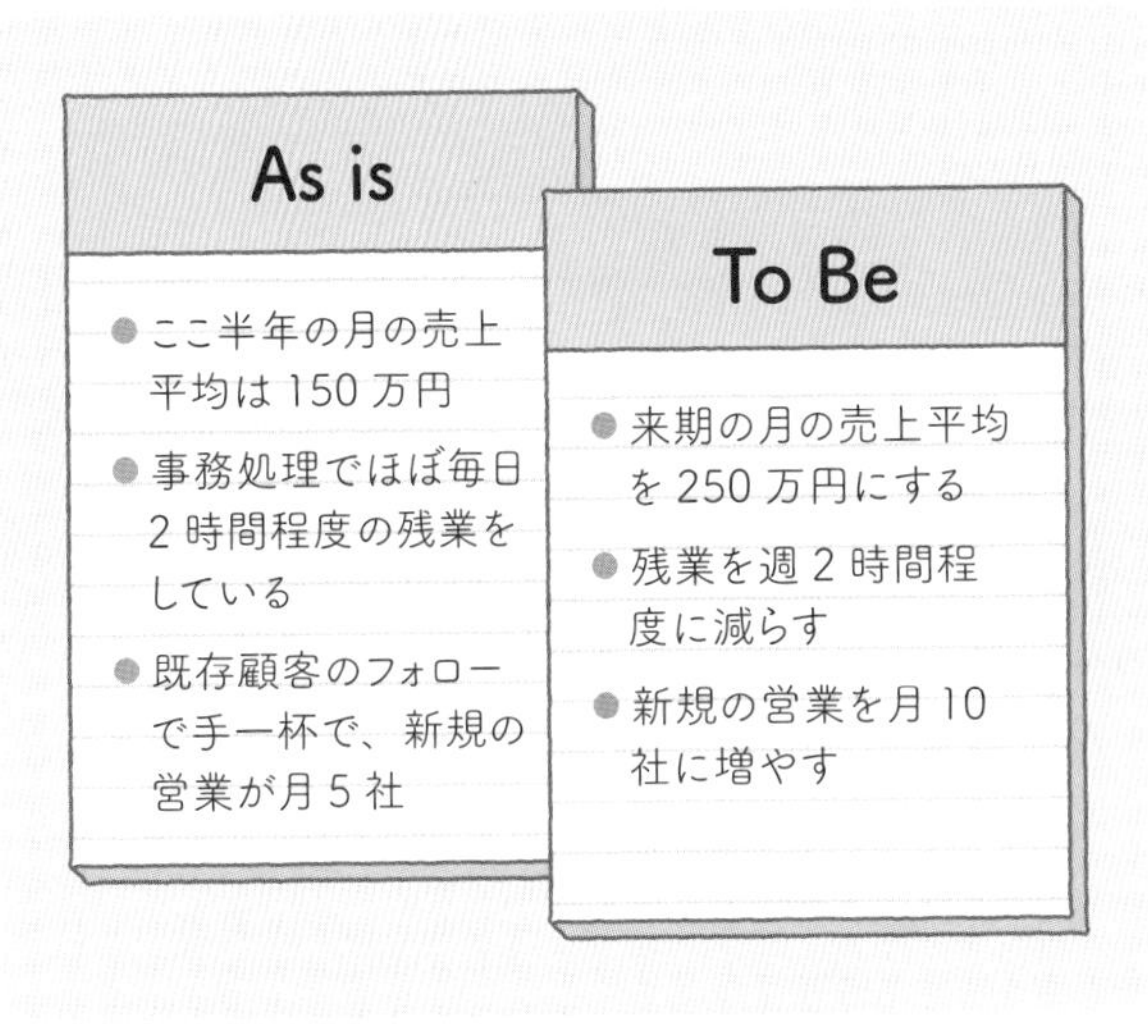
As is
ここ半年の月の売上平均は150万円
事務処理でほぼ毎日2時間程度の残業をしている
既存顧客のフォローで手一杯で、新規の営業が月5社
To Be
来期の月の売上平均を250万円にする
残業を週2時間程度に減らす
新規の営業を月10社に増やす

営業担当として目標に近づくには何が足りないんだろう……

具体的な活用方法としては、**最初にあるべき姿、つまり目標やゴール、到達するべき姿を考え**、箇条書きなどにします。次に、考えた理想の姿に対応した現在の姿を書き出していく、という流れになります。現状とあるべき姿のギャップを埋めるのに使う「WBS」というフレームワークは次ページで紹介します。

また、「As is／To be」は、プロジェクトチームや部署のマネジメントなど複数人が関わるものだけでなく、個人の現状と目標を明確にする際にも活用することもできます。

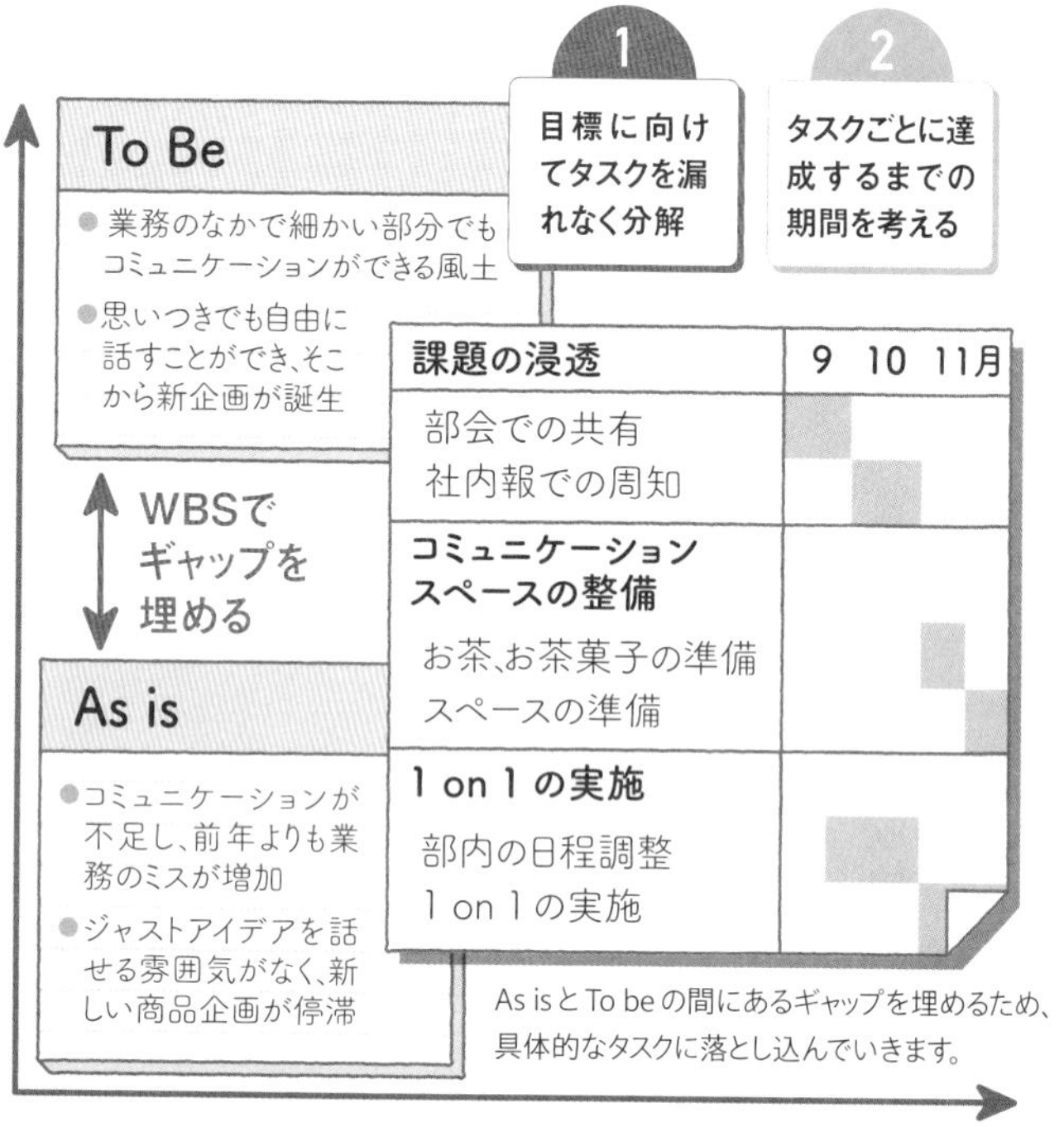

As isとTo beの間にあるギャップを埋めるため、具体的なタスクに落とし込んでいきます。

ADVICE

「現状から目標へ必要な要素」「要素からタスク」の分解はMECE（漏れなく、重なりなく）になることを意識。

理想と現実の間に必要な作業と日程を考える

WBSとは、Work Breakdown Structureの略で、日本語にすると〝作業分解構成図〟という意味です。「As is／To be」で明確になった、現状とあるべき姿の間のギャップに対し、実際の作業を書き出して埋めていくフレームワークになります。使い方としては、**まずは①現状からあるべき姿へと移行していくために必要な要素を挙げ、次に②各要素を細かなタスクに分解していく**と

WBS でイベントのタスクを管理

タスク	担当者	開始日	完了日	9月	10月	11月
イベントの全体設計						
コンセプト、ターゲット決定	吉田	9/1	9/10	■		
プログラム設計	佐々木	9/10	9/30		■	
企画書作成	谷口	10/1	10/15		■	
集客						
フライヤー作成	斉藤	10/10	10/30			■
フライヤー配布	阿部	11/1	11/5			■
メルマガ作成	立木	10/20	11/5			■
当日の運営						
前日搬入	前田	11/14	11/15			
スタッフの管理	伊藤	11/16	11/16			

プロジェクトの
進行管理で
使っている！

プロジェクト管理にも使える

WBS

いう流れで、MECEに分解することを意識しましょう。

分解ができたら、③各タスクの順番や、必要な日数などを考え、現実的なスケジュールに落とし込んでいきます。

WBSは「Asis／Tobe」のあとではなくても、プロジェクトがスタートしてゴールするまでのタスクを挙げ、スケジュールを管理する場面でも使えるフレームワークです。

ちなみにWBSは、ガントチャートなどと呼ばれることもあり、厳密には多少のちがいがあるかもしれませんが、ほぼ同じものになります。

SMART

ボンヤリとした目標は絶対に達成不可！

目的

チームの目標設定

タイミング

プロジェクトや
部署の管理時

✕ 悪い目標

A課の目標
課長の発表
課内全員が不断の努力をすることで、新規申込の効率を大幅に向上
すでに努力はしているんだけど
これってなにをやればいいのかな？

チームが一丸となって進める目標を立てるために、大切なことは？

Specific、Measurable、Agreed、Realistic、Time-boundという単語の頭文字であるSMARTは、**チームが進む目標を決める際のポイントを集めた**フレームワーク。目標を設定する際には、この5つを満たしているかを検討することが重要です。もし満たしていない場合は再考が必要でしょう。

よい目標

POINT

目標は、誰がどう読んでも伝わるように設定する

多くの人がみる目標は、
まちがった理解をされないように、
細部まで明確なものに
なっていることが
求められます。

B課の目標
意見会での決議
20○○年の3月までに新規申込の処理時間を昨年よりも15％削減
※一昨年から昨年は25％減
私は昨年よりも10％は削減できているからもう少し
昨年より効率化しているから、実現できそう

目標設定のキモ

Ⓢpecific（特定できる）	新規申込の処理時間
Ⓜeasurable（計測できる）	15％削減
Ⓐgreed（賛同できる）	実現できそう
Ⓡealistic（現実的である）	※一昨年から昨年は25％減
Ⓣime-bound（期限がある）	20○○年3月までに

〈SMARTの内容〉

		例
S Specific（特定できる）	「○○の向上」「○○の削減」などぼんやりとしたものではなく、具体的なものである。	20○○年4月～20○○年9月までの売上と利益
M Measurable（計測できる）	目標達成までの進行や達成の度合いを数値的に計測できる。	売上9,000万円、営業利益2,200万円
A Agreed（賛同できる）	リーダーが1人で決めたものであっても、必要性などを伝えてメンバーに合意がある。	部内ミーティングで、各自15%のストレッチで達成可能の合意
R Realistic（現実的である）	過去の数値などと比較し、到達不可能なものではなく、現実的に実現可能である。	今年は9,000万円（昨年の売上8,000万円）
T Time-bound（期限がある）	「数年以内に」などではなく、「下半期までに」など達成までの明確な期限がある。	○○年期末までに、下半期で、

1

Specific、Measurable、Agreed、Realistic、Time-boundという5つの視点から目標を立てる

ADVICE

目標は、異なった理解を生まないように5つすべてが入っていることが重要。

異なる解釈の余地のない明確な目標を立てる

ビジネスでいうチームや組織とは、共通の目標をもち、その達成を目指す集団のこと。チームが十分に能力を発揮するには、どんな目標を立てるかが非常に重要になります。SMARTは、目標設定をする際に役立つフレームワークです。

Specific（特定できる）、Measurable（計測できる）、Agreed（賛同できる）、Realistic（現実的である）、Time-bound（期限がある）という単語の頭文字である

〈具体的なSAMRTな目標〉

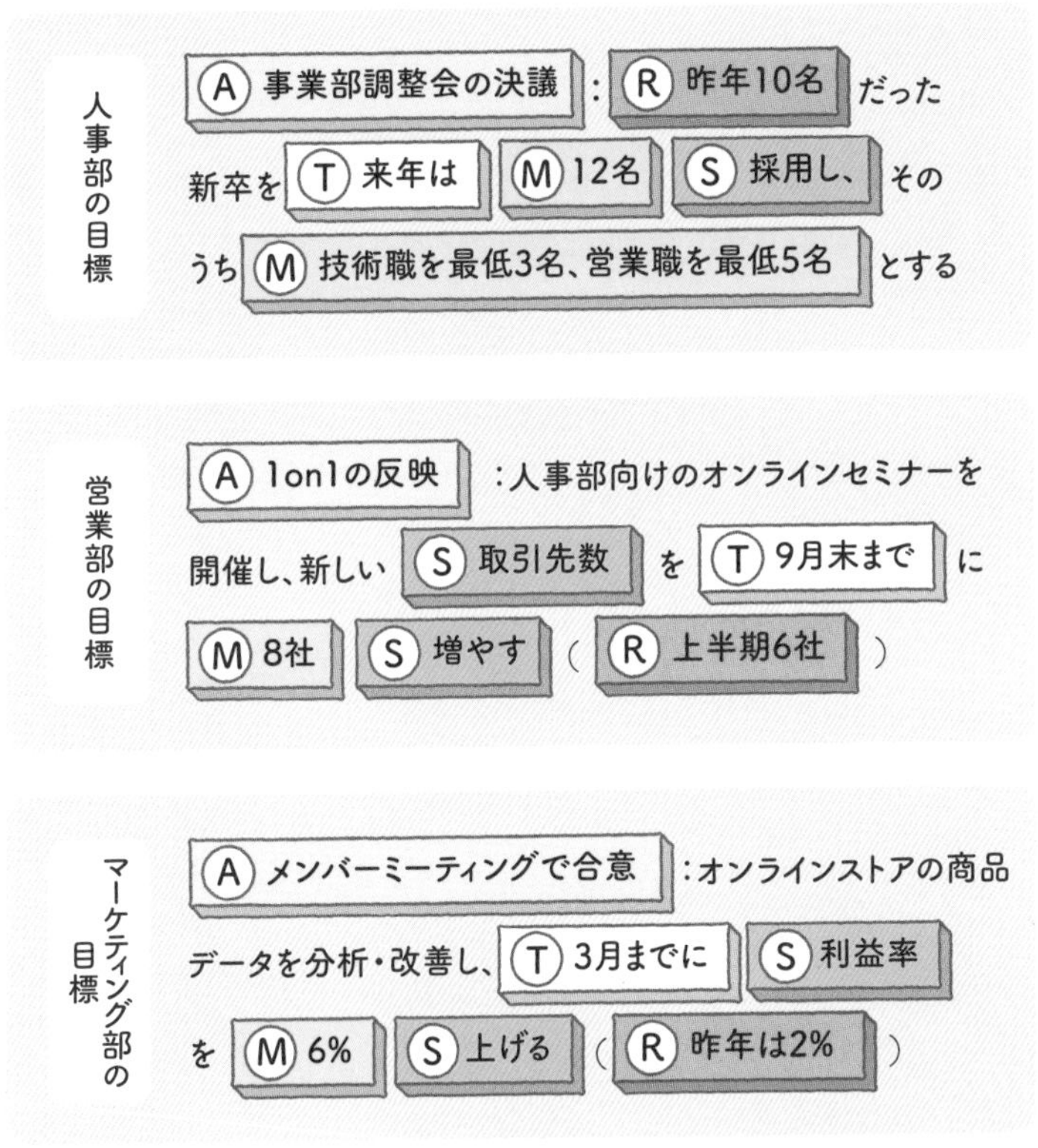

SMARTは、チームの目標として、重要なポイントをまとめたものになります。目標はチームや部署の全員がみるものなので、**誰がみても誤解することなく同様に理解できるようなものにすることが必須**なのです。ですから、目標を設定する際には、SMARTの各基準を満たしているかをしっかりとチェックしましょう。

ちなみに、SMARTには、AがAchievable（達成可能である）、RがRelated（経営目標に関連する）など、いくつかのパターンがあります。

唯一の正解はなく、各々のスタイルを発揮

タスク優先度マトリクス

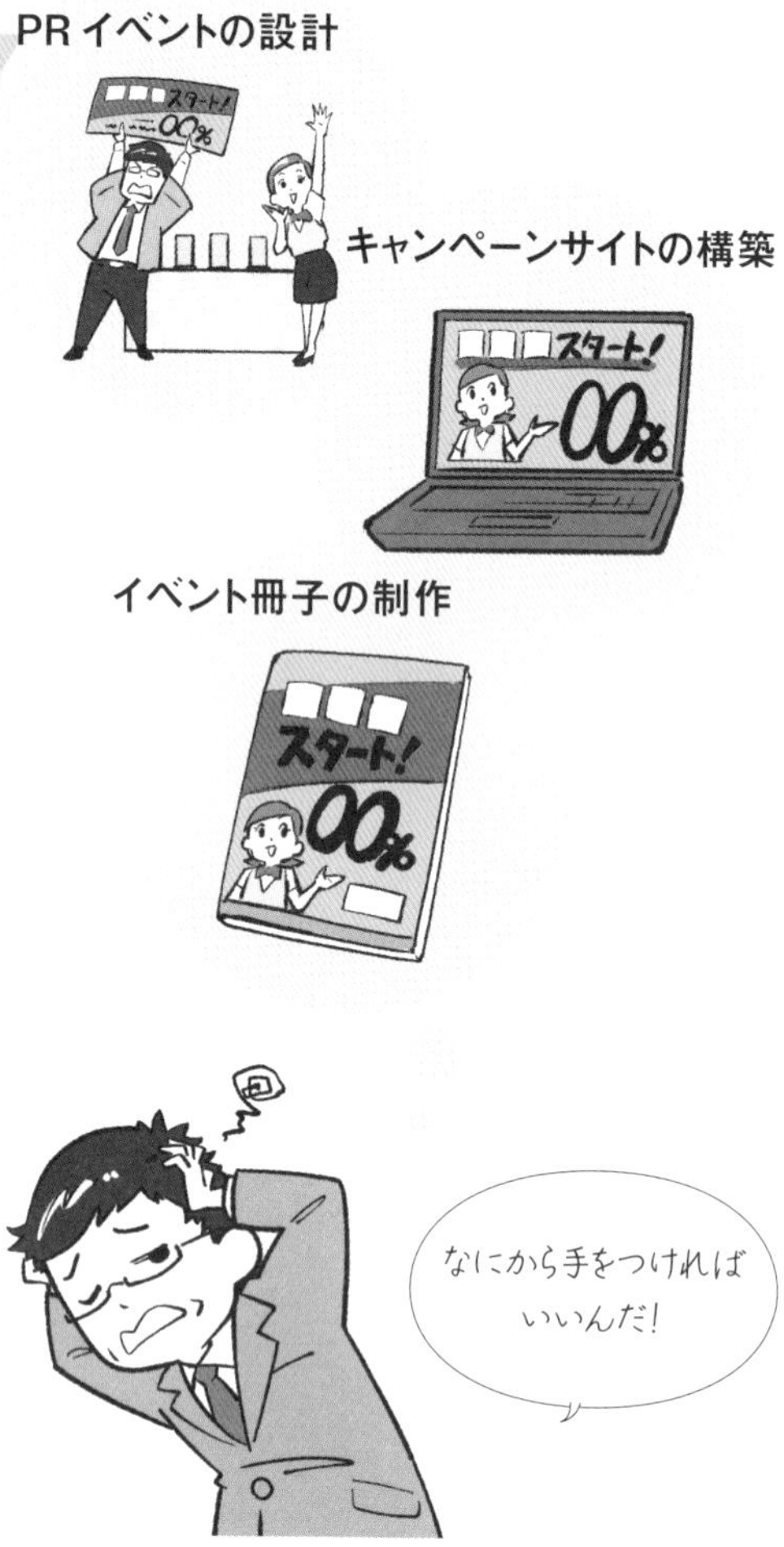

タスクの重要度と難易度から優先順位をつける

プロジェクトを進めるには数多くのタスクをこなしていく必要があり、チームが混乱しないようにタスクの優先順位をつけることがマネジメントの重要な役割の1つです。そんなときには、**各タスクの重要度と難易度でマトリクスをつくり、優先順位を考えましょう。**

目的

タスクに
優先順位をつける

タイミング

基本的にはプロジェクト
始動時のみ

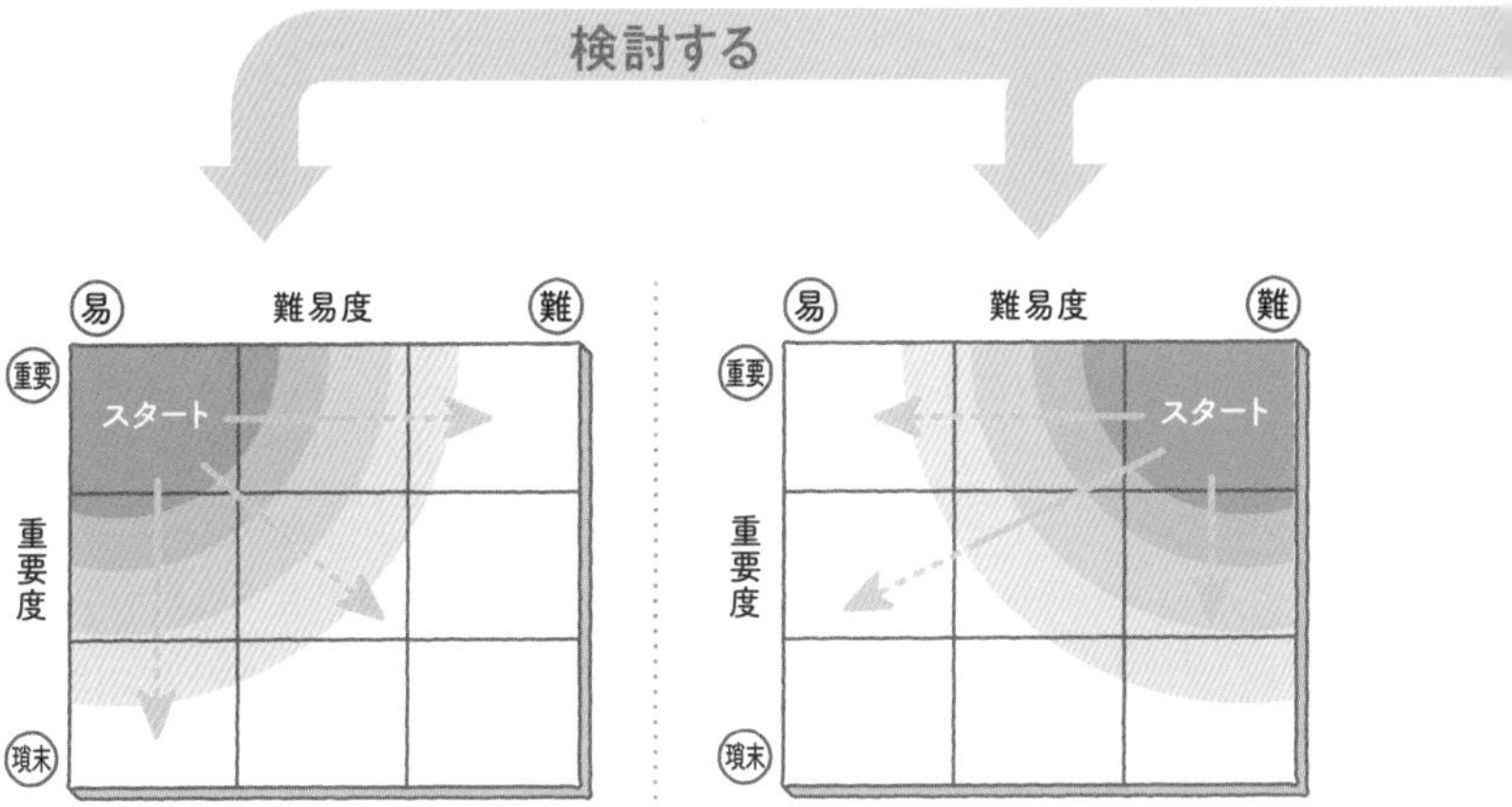

マネジメントスタイル A

難易度は低いが、重要度の高いものからスタートし、難易度の低いものを優先的に取り組んでいきます。

マネジメントスタイル B

難易度が高く、重要度も高いものから取りかかり、難易度の高い難しいタスクをメインに取り組みます。

POINT

スタイルによって優先度はちがう

優先順位に明確な答えはなく、上記はどちらもまちがいではありません。仕事の進め方によって考えましょう。

HOW TO USE

タスク優先度マトリクスの活用法

1 重要度の高いタスクの進行をまず考える

	易	難易度（担当者によって異なる）	難
重要	● 迷わず取り組む ● ほかのタスクとの兼ね合いを考えてあとでも	● できるだけ早めに検証、実験をしておくことが必要	● 優先的に検証をしてバックアッププランも用意
重要度（プロジェクトマネージャーが決定）	● どこかのタイミングで手をつける	● 進めるかやめるのかを早めに決める ● 優先度を下げて余裕を見て取り組むでも	● なるべく取り組まない ● 取り組む際は、きちんと余裕を見ておく
瑣末	● 余裕があれば後半に取り組む	● なるべく取り組まない	● 取り組んではならない

2 重要度の低い仕事は諦めるのも重要

ADVICE

どこからはじめるかには答えがなく、スタイルや担当者のレベルによって考えましょう。

スタイルによって異なる仕事の進め方

ビジネスにおいて、プロジェクトのゴールや部署の目標達成までには、無数のタスクがあります。すべてを一気にスタートし、同時に進行するのが理想ですが、現実的に経営資源は有限ですから、チームをまとめるためには、優先順位を決めなければなりません。その際に役立つのが「タスク優先度マトリクス」です。

具体的な使い方は、**〝重要度〟と〝難易度〟のランクを3段階にわける3×3の表を作成し、実際**

〈製造業におけるコスト管理（①、②、③は取り組む順番）〉

チーム負荷を考えたスタイル

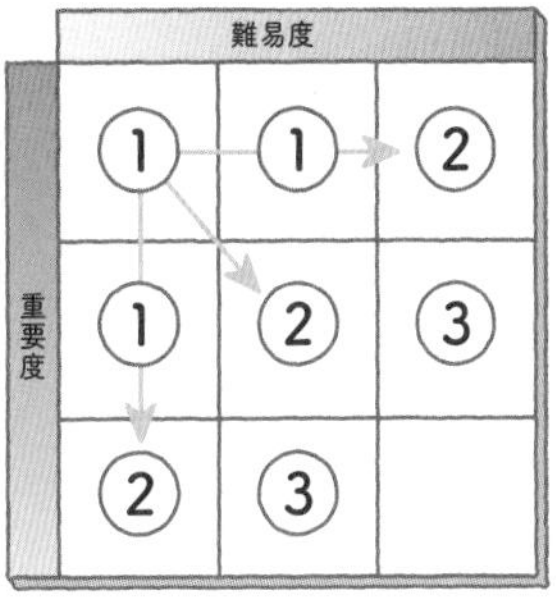

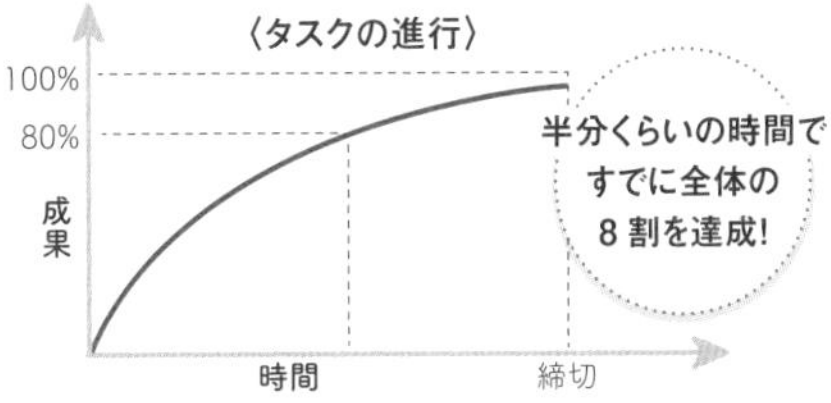

スケジュールに余裕があり、メンバーの負荷を抑えられるメリットがありますが、難しいタスクはできない可能性大。

成果を追い求めるスタイル

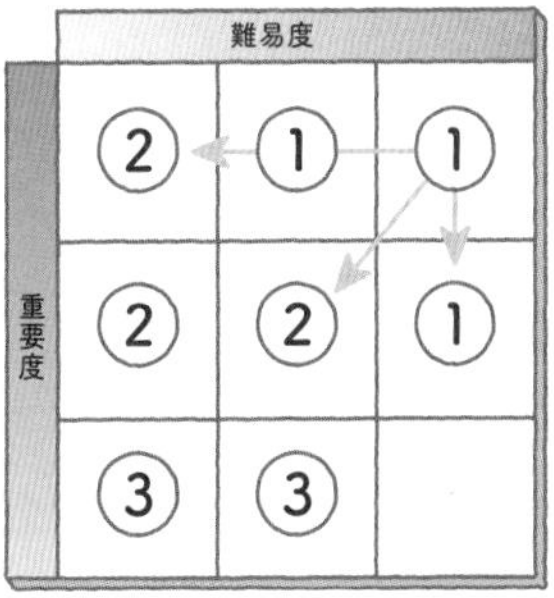

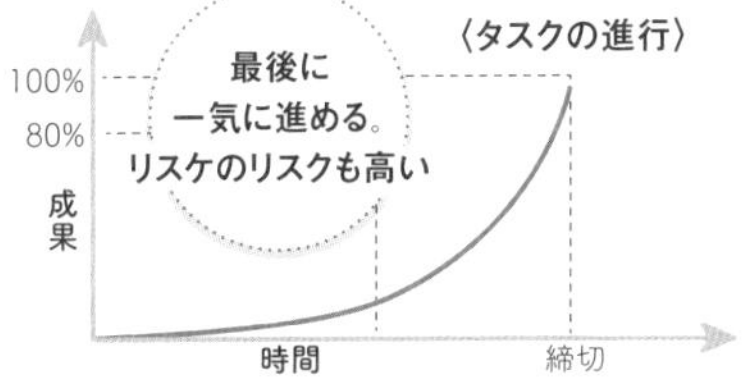

このスタイルなら実現が難しいタスクを達成できます。ただし、スケジュールは遅れ、メンバーは疲弊する可能性があります。

のタスクを各枠に振りわけていきます。そして、どの枠から取り組んでいくかを考えるというフレームワークです。

「９つの枠のどこから取り組むか」には、明確な正解はなく、個人のマネジメントスタイルによって異なります。代表的な手法として、左上の枠からスタートする「簡単なものから取り組んでいく」というスタイルと、右上の枠からスタートする「はじめに難易度の高いタスクから取り掛かる」というスタイルがありますが、どちらもメリットとデメリットがあります（上図参照）。

COLUMN

5

中長期的な経営戦略に対し、現場でしっかりと取り組んでもらうコツ

P83からのSection 4では、自らのタスク管理やマーケティング戦略、部署のマネジメントとは離れ、主に全社的な経営戦略で活用するフレームワークを紹介します。

経営戦略の場合、目の前にいる同僚や、普段から意識をしている顧客を相手にするわけではないため、計画を立案しても、現場の社員に実行してもらう部分に、実は大きなハードルがあります。構築した経営戦略に対し、現場でしっかりと取り組んでもらうためにはどうすればいいのでしょうか。

そのためには、いくつかのポイントがあり、**1つめは「必要だと思えること」**。それには、妥当な目標であることと、明確な達成手段を示すことが重要です。これがないと従業員は「経営企画室が勝手につくった目標だ」と感じてしまい、実現できません。**2つめは、従業員が「できると思えること」**です。経営企画室は、現場の詳細な能力までは把握できないため、高すぎる目標に対しては「そんな目標は達成できない､現場をわかっていない」と協力してくれません。ですから、ミドル層などの現場リーダーと協議して現場の能力を適切に評価し、具体的なタスクまで落とし込むことが必要でしょう。最後は、**「取り組んで損をしない」ことを示すため、事前に取り組みに対する評価基準を決めておくこと**も重要です。

SECTION 4

全社に関わる経営戦略を構築するフレームワーク

事業の方針など、ビジネスのうえで大きな戦略を考える際のフレームワークを紹介します。

3C

目的 自社の問題発見

タイミング 事業戦略立案の現状分析時

PEST

目的 マクロな環境分析

タイミング 業界の未来予測

バリューチェーン

目的 自社と競合の比較分析

タイミング 事業戦略立案の現状分析時

アンゾフのマトリクス

目的 事業の方向性を検討

タイミング 事業の成長鈍化により、新しい戦略が必要

BCG-PPM

目的 経営資源の配分を検討

タイミング 次年度以降の予算、人員計画を策定

3C

利害関係者たちの視点でビジネスを考える

ワークケーキ
Competitor
(競合)
付近にあるケーキ店や、周辺のスイーツ店などが競合になるでしょう。

ビジネスでは常に3つの視点をもつことが求められる

どんなビジネスにも関係するCustomerとCompanyとCompetitor、つまり買い手の「市場・顧客」、売り手の「自社」「競合」の頭文字をとった3C。**事業で成功するには、この3つの視点で考えることがビジネスでは必須**です。まずはこの3つを分析し、なんらかの洞察を導けるようにしましょう。

目的

自社の問題発見

タイミング

事業戦略立案の現状分析時

C ompany
（自社）

あるビジネスを行う主体であり、
この場合はケーキ店です。

POINT

市場・顧客の分析を十分に行うこと

ビジネスでは常に「顧客の満足」が求められるため、市場・顧客の分析がもっとも重要です。

C ustomer
（市場・顧客）

自社のケーキを購入してくれるお客さん。スイーツをネット販売などにすれば顧客は全国に広がります。

HOW TO USE

3Cの活用法

〈3C の考え方〉

1 情報の多い自社よりも、顧客や競合の情報収集を重点的に行う

Customer（市場・顧客）	ある業界における成功要因がどう変わっていくかを明確にする。
Competitor（競合）	成功要因を満たしている競合企業がどのように実現しているかを明確にする。
Company（自社）	自社の「できていないこと」や「足りないこと」を明確にする。

2 自社の情報は、甘い認識にならないよう注意

ADVICE

自社以外の競合や市場・顧客の情報を入手するには、日頃からビジネス誌や業界紙、販売実績データ、アンケートなどで情報収集しておくことが大切です。

ビジネスで常に関わる関係者の視点をもつ

あらゆるビジネスは、Customer（市場・顧客）、Competitor（競合）、Comany（自社）の3つが関わっています。これらを大まかに分析するのが3Cです。

市場分析により、**ある業界の成功要因がどう変わっていくかを明らかに**し、また、競合の分析をすることで、**新しい成功要因を満たしている企業はどのように満たしているのか**を明らかにします。そして、**自社の「できていないこと」や「足りないこと」**を明らかにし、

〈現状分析の詳細とフレームワーク〉

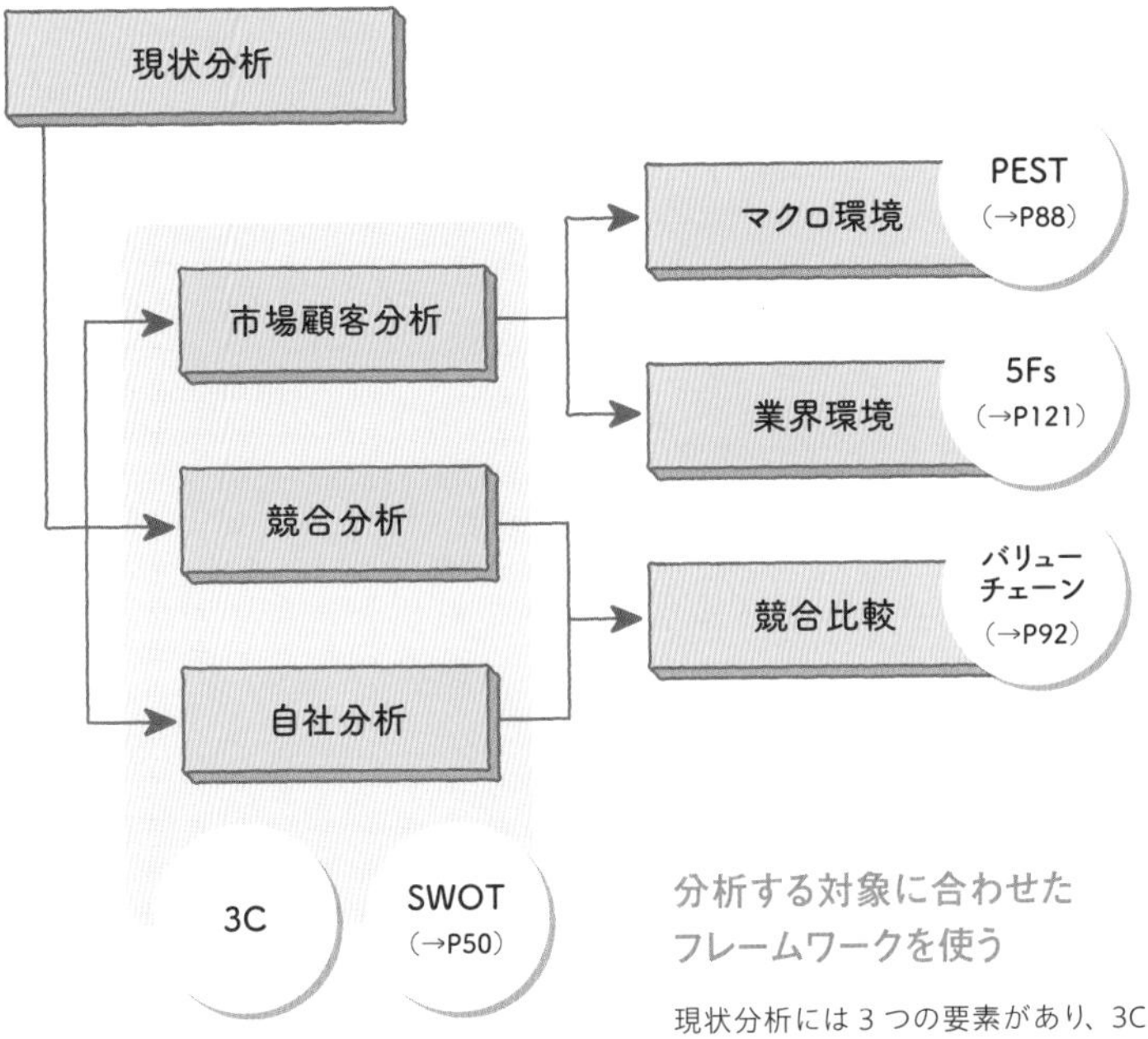

分析する対象に合わせたフレームワークを使う

現状分析には3つの要素があり、3Cでは、それぞれを大まかに分析します。詳細な分析では、対象に合わせたフレームワークを活用しましょう。

洞察を導くのです。**市場分析における成功要因の変化**を明らかにすることが、3Cのキモになります。

注意が必要なのは、自社に比べ、競合や市場・顧客の情報は入手が難しいこと。そのため、競合や市場・顧客はどうしても認識が甘くなってしまうことが多いのです。

現状分析を俯瞰してみると、自社と競合、顧客・市場の全体を分析するフレームワークが3CやSWOTで、3つをさらに詳細に分析するためにPESTやバリューチェーンなどがあります。

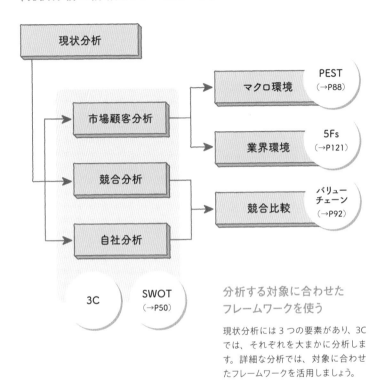

PEST

マクロな環境変化から未来をのぞく

目的

マクロな環境分析

タイミング

業界の未来予測

Ⓟolitics（政治的要因）

主に政治や法律、条例、条約、地方行政などの視点から、自社にあたえる影響を考えます。

Ⓔconomy（経済的要因）

主に経済成長率や為替、失業率などの変化を検討します。国内だけでなく海外の動向も重要です。

ビジネスで成功をするために業界の未来をつかむ

PEST は「Politics（政治的要因）」「Economy（経済的要因）」「Society（社会的要因）」「Technology（技術的要因）」の頭文字をとったフレームワークで、マクロな視点で各要素を考えます。闇雲にやればいいのではなく、**“業界の未来予測”というゴールを意識して取り組む**ことが重要です。

自動車業界

Ⓣechnology（技術的要因）

▼

テクノロジーの進歩や、新技術の開発の変化など。特に近年は短いスパンでの変化が激しい要素です。

Ⓢociety（社会的要因）

◀

人口動向や文化、健康など、ライフスタイルに関わる変化です。近年は検討する項目自体が増加中。

POINT

重要なのは業界の変化→自社の影響をさぐること

特に競合他社が気づけない変化には大きなヒントが隠されている可能性があります。

〈PEST分析の内容〉

1 自社に関わる環境の変化を考える

		小売業界の変化の例
P Politics（政治的要因）	国際情勢 法律、条令、条約の改正 裁判の判例　税制の変化 補助金制度、交付金制度 政権交代　など	インボイス制度開始 営業時間の規制緩和 労働時間の限界
E Economy（経済的要因）	経済成長率　失業率 株価の変化　為替動向の変化 原油価格の変化 業界の成長率 賃金動向の変化　など	店舗数の増加 値上げ商品の増加 家で過ごす時間が増え、売上は増加 人員不足による賃上げ
S Society（社会的要因）	人口動態の変化　社会問題 世論の変化 流行、ライフスタイル 教育制度の変化　宗教　など	少子高齢化による購買力縮小 ネット購入の増加 インバウンド需要
T Technology（技術的要因）	技術革新　インフラ整備 特許　イノベーション AI、DX化　など	セルフレジが普及 スマホ決済が普及 冷凍技術の発達

2 変化がもたらす結果を考察する

ADVICE

事象は無限にありますが、“自社に影響がありそうな変化”のみを考えましょう。

業界の変化から自社への影響を把握する

政治や経済、社会などマクロな切り口で環境分析をする際に使うPEST。一見ハードルが高そうですが、ゴールへの理路さえ理解しておけば、そこまで難しくありません。

ゴールは当然、ビジネスの成長であり、そのために自社内の努力以外で重要なのが、世の中の変化が自社の業界にどのような影響があり、**その結果、成功要因がどのように変化していくか**を明らかにすることです。未来にチャンスがあれば競合企業

〈PEST分析実例〉

飲食業界のPEST分析

	変化	自社への影響
P	「すべての女性が輝く社会づくり」の推進	● 働く女性が増え、外食における女性のニーズが増加
E	コロナ収束によるインバウンド需要アップ	● 外国人客の増加 ● 空き店舗へのライバル店舗増加
S	健康志向の高まり	● 栄養素など健康に関わるメニューや情報の重要性増加
T	安価で活用可能なIT技術の登場	● タッチパネルなどの自動化が進行 ● ○○pay決済への対応

成功要因の変化

- 外国人客用のメニュー構成
- DXで効率化と顧客満足度を両立

アパレル業界のPEST分析

	変化	自社への影響
P	新型コロナウイルスの蔓延による外出規制	● 外出するための衣類の需要低下
E	円安ドル高	● 原材料の高騰 ● 海外工場の人件費の上昇
S	環境意識の高まり	● フェアトレードや、環境負荷の少ない素材の重要性が高まる ● リユース、リサイクルへの対応
T	ECサイトの進化	● 衣服のECサイトが増え、SNSなどから購入する人も増加

成功要因の変化

- 室内用衣類の充実
- 国内の工場を増加

に先んじて注力し、脅威があれば早めに対策することで、成功に近づけるでしょう。こうした対応をするため、PESTで業界の変化から自社への影響を把握することが大切です。

このフレームワークは、4つの視点で、その〝変化〟を挙げ、そこから自社への〝影響〟を考え、成功要因の変化を明らかにします。業界には数限りないトピックスがありますが、「世間の変化を知る→自社への影響を把握する」ことが目的ですから、自社への影響がある、もしくは、ありそうな変化だけをとらえれば問題ありません。

自社と競合のちがいを細かく探す

バリューチェーン

〈食品メーカーのバリューチェーン〉

	製造	研究・開発
自社	昨年、工場をオートメーション化し、効率化	アンケートをもとに細部までこだわっている
競合A社	Web 記事によると工場はフルオートメーション	自社製品とは、風味に少しちがいがある
比較	大きな差はない!	大きな差はない!

企業の各活動を比較することで強みや弱みを浮きぼりにする

ビジネスでは一般的に企業が価値を生み出す活動の連鎖をバリューチェーンと呼びます。食品メーカーであれば、「研究・開発」「製造」といった川上から顧客に届ける「営業」の川下までのこと。フレームワークでいうと、**自社と競合の各活動を比較し、強み(優位性)や弱み(劣位性)を把握する**ために活用します。

目的

自社と競合の比較分析

タイミング

事業戦略立案の現状分析時

営業	流通	マーケティング

24 MART
爽快!!

	営業	流通	マーケティング
自社	全国を 12 のエリアにわけ、販売を実施	工場からの中継地を全国に配置し迅速に展開	若者向けの CM、キャンペーンを展開
競合A社	全国に 250 カ所の営業所を配置し、迅速に対応	自社よりも若干多くの中継地を配置している	ファミリー向けの割引施策を実施
比較	エリアや対応が異なる	大きな差はない！	PR 手法やコストが異なる

POINT

目的は、自社の強みと弱みからチャンスをみつけること

企業の強みは、注力していることではなく、競合よりも優位な部分。そこを探すことを意識しましょう。

うちの会社と A 社は
マーケティングと営業が
ちがうんだな

HOW TO USE

バリューチェーンの活用法

〈自動車メーカー業界のバリューチェーン〉

		比較する要素の例
研究・開発	電気自動車や水素自動車への過渡期である現在、企業の理念によって大きな差がある。	● 技術力 ● 積み重ねたノウハウ ● 特許
▼		
原材料調達	国外からの輸入にたよる部分が多く、企業として差をつけるのは難しい。	● 調達先の選択肢、安定性 ● 調達ルート
▼		
部品製造	製品により、部品数は大きく異なるが、電気自動車は部品数が少ない傾向がある。	● 工場や人員の規模 ● 設備のレベル
▼		
組立・製造	現在は多くの企業でロボット化が進んでおり、企業の規模による差が大きい。	● 工場や人員の規模 ● 設備のレベル
▼		
流通	企業の規模による差以外の大きな差は生まれづらい。	● 早さ ● 分布
▼		
販売	企業によって、販売後のアフターサービスには大きな差がある。	● 顧客層 ● PR のちがい

1 サービスを提供するまでの流れを分類する

2 優位性の有無を競合他社と比較

自社の優位性や劣位性は比較しないとわからない

バリューチェーンは、企業の活動を分解することで、自社や競合の強みや弱みを分析するフレームワークです。

ビジネスにおいて、企業の強みや弱みというのは、本来、自社の分析だけでは把握できず、競合と比較することで判断が可能になります。とはいえ、企業の全体像を比べても、優位か劣位かを判断することはできません。そこで、例えば食品メーカーなら、「研究・開発」「製造」「マーケティング」

〈小売業のバリューチェーン〉

商品の企画・開発 ▶ 仕入 ▶ 店舗の運営 ▶ 集客 ▶ 販売 ▶ アフターサービス

商品自体に差異は出にくい。意外にも細かな集客の方法にちがいがあることが多い。

〈不動産売買仲介業のバリューチェーン〉

売買情報の収集 ▶ 物件調査で価格を査定 ▶ 営業 ▶ 売買契約仲介 ▶ 物件引渡し ▶ アフターサービス

法律や業界の規制が関わり、差を出しにくいため、営業やアフターサービスにちがいがある。

〈生命保険業のバリューチェーン〉

商品の企画 ▶ 営業 ▶ 契約 ▶ 保険料徴収 ▶ 資産運用 ▶ 保険金・給付金支払い ▶ 満期・解約

商品自体や、営業手法も企業によって差がある。契約後は法律があるので差は少ない。

ADVICE

**自社に甘い判断になってしまう
ケースが多いので、
冷静な視点で判断しましょう。**

「流通」「営業」などと、企業で取り組む活動を分解し、**それぞれの活動で自社と競合を比較することで、強みや弱みを把握できる**のです。

注意点としては、「自社では研究開発に力を入れており、優位性がある」ととらえるケースが少なくないようですが、多くの場合、競合も同様に力を入れています。顧客からすると「どちらも優れている」ということになりますから、それは強みにはなり得ないのです。**強みや弱みをみつけるには、競合と差のある活動を探しましょう。**

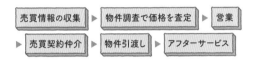

4つの方向性のなかで、事業が成長する道は!?

アンゾフのマトリクス

既存市場×既存商品
少し前に流行った
中年向けの自作ジュースが
最近全然売れない…
どうしよう…
2個セットにするから
買ってくれー!!
珍しさで買ったが
もういらんわ
きみたちの知らない、
おいしくて体にいい
ジュース買わない？
誰だよ
このおっさん
買うかよ
新規市場×既存商品

事業をさらに成長させる方向性を検討する

提唱者の名前がついた「アンゾフのマトリクス」は、事業の成長が伸び悩んだ際、新たな方向性を検討する際に使うフレームワークです。現在の事業で扱う**“商品”と“市場”について、どちらかを新しくするのか、または両方新しくするのか、これまで通りの商品と市場で進むのかを検討**します。

目的

事業の方向性を検討

タイミング

事業の成長鈍化により、
新しい戦略が必要

POINT

従来の商品と市場、新しい商品と市場をMIXして検討

製品と市場、新規と既存を組み合わせ、４つのなかで事業を成長させる方向性を検討しましょう。

HOW TO USE

アンゾフのマトリクスの活用法

〈アンゾフの成長マトリクス〉

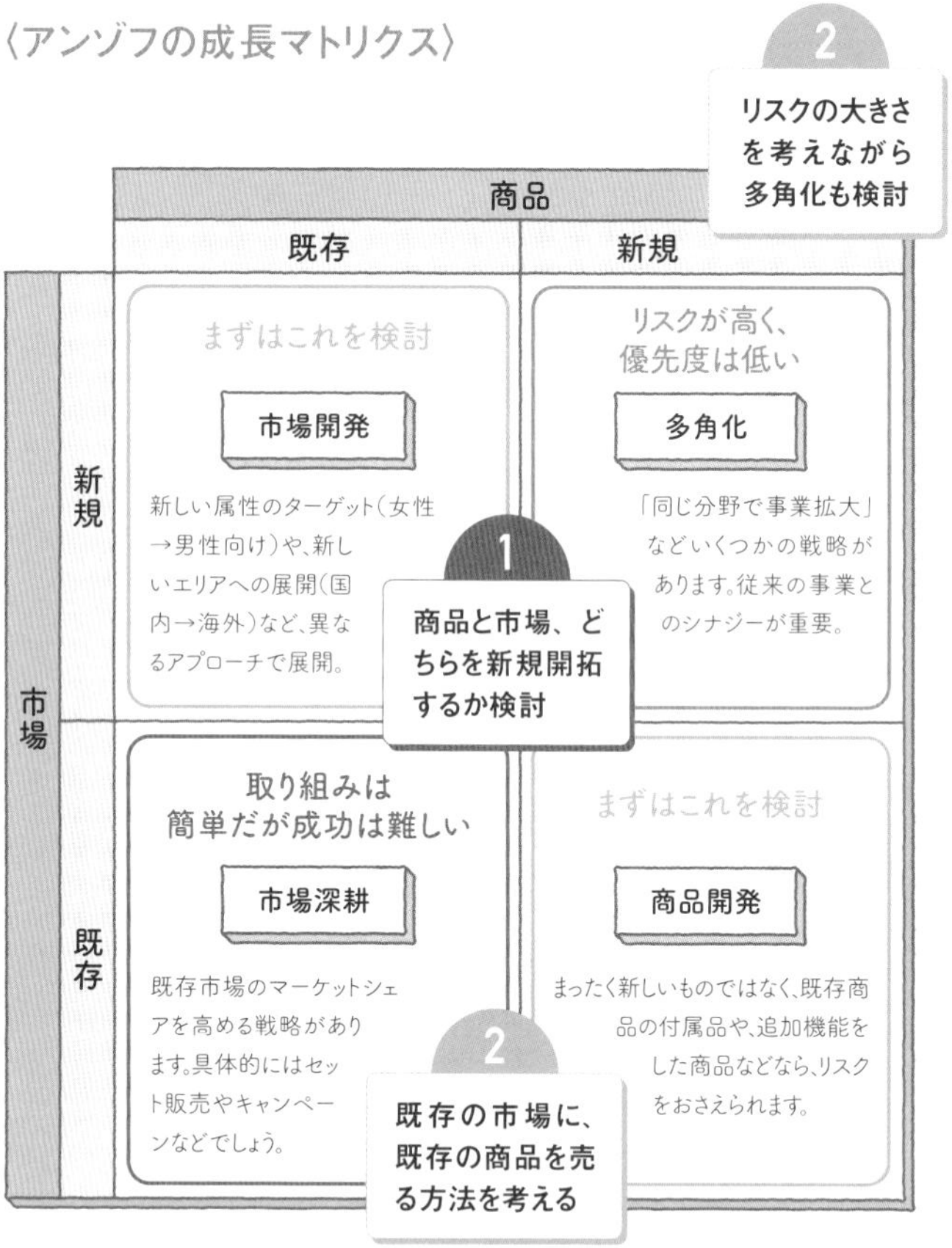

2
リスクの大きさを考えながら多角化も検討
商品
既存
新規
市場
新規
既存
まずはこれを検討
市場開発
新しい属性のターゲット(女性→男性向け)や、新しいエリアへの展開(国内→海外)など、異なるアプローチで展開。
リスクが高く、優先度は低い
多角化
「同じ分野で事業拡大」などいくつかの戦略があります。従来の事業とのシナジーが重要。
1
商品と市場、どちらを新規開拓するか検討
取り組みは簡単だが成功は難しい
市場深耕
既存市場のマーケットシェアを高める戦略があります。具体的にはセット販売やキャンペーンなどでしょう。
まずはこれを検討
商品開発
まったく新しいものではなく、既存商品の付属品や、追加機能をした商品などなら、リスクをおさえられます。
2
既存の市場に、既存の商品を売る方法を考える

事業が成長するために どこを新しくするか

アンゾフのマトリクスは、フレームワーク自体はシンプルです。新規の市場と商品、既存の市場と商品で表をつくり、4つにわかれた戦略のなかで、どの方向を目指すかを検討するというもの。4つの枠は、**左上が「市場開発」、右上が「多角化」、左下が「市場深耕」、右下が「商品開発」**という戦略を意味しています。

4つの戦略に明確な正解や不正解はありませんが、それぞれに注意点があります。取

〈食品メーカーで考えるアンゾフの成長マトリクス〉

	既存商品	新規商品
新規市場	**市場開発** ● 女性向けの商品を男性向けにPR ● これまで展開していない地方都市への展開	**多角化** ● 有機野菜の生産事業を本格化
既存市場	**市場深耕** ● セット商品の販売 ● リピート割引の実施 ● SNSマーケティングの強化	**商品開発** ● 商品ブランドに新商品追加 ● カップラーメンの味変商品を開発

ADVICE

一般的には、「市場開発」「商品開発」に取り組むケースが多く、リスクをおさえて展開する手法を考えます。

まずは市場を
広げる方法を
考えようっと。

り組み自体はもっとも簡単な「市場深耕」ですが、成功するのは難しいでしょう。成長が鈍化しているなかで、同じ商品を同じ顧客に販売するには、例えば人気商品とのセット販売などが考えられますが、短期的には効果があっても、根本的な解決にはなりにくいのです。

　ですから、**最初は「市場開発」「商品開発」を考えるのが一般的**でしょう。「多角化」は、うまくいけばメリットがありますが、その分リスクが大きいため、取り組むのには相当な準備が必要です。

BCG-PPM

育てる事業、あきらめる事業を判断せよ

経営資源の必要度や将来性、利益確保のレベルで考える

Boston Consulting Groupが生み出したProduct Portfolio Managementという意味のBCG-PPM。**単一の事業ではなく、複数の事業を行う企業が使うフレームワーク**です。活用するのは主に大企業ですが、中小企業でも考え方は参考になる部分もあるので、概要を理解しておきましょう。ちなみにマトリクス上の丸の大きさは売上高を示しています。

目的

経営資源の配分を検討

タイミング

次年度以降の予算、人員計画を策定

POINT

確保した利益は、投資が必要な将来性のある事業へ

ビジネスとしては当然ですが、
下方の事業で得た利益を、
上方の将来性の高い
事業へと投資するのが
基本です。

HOW TO USE BCG-PPMの活用法

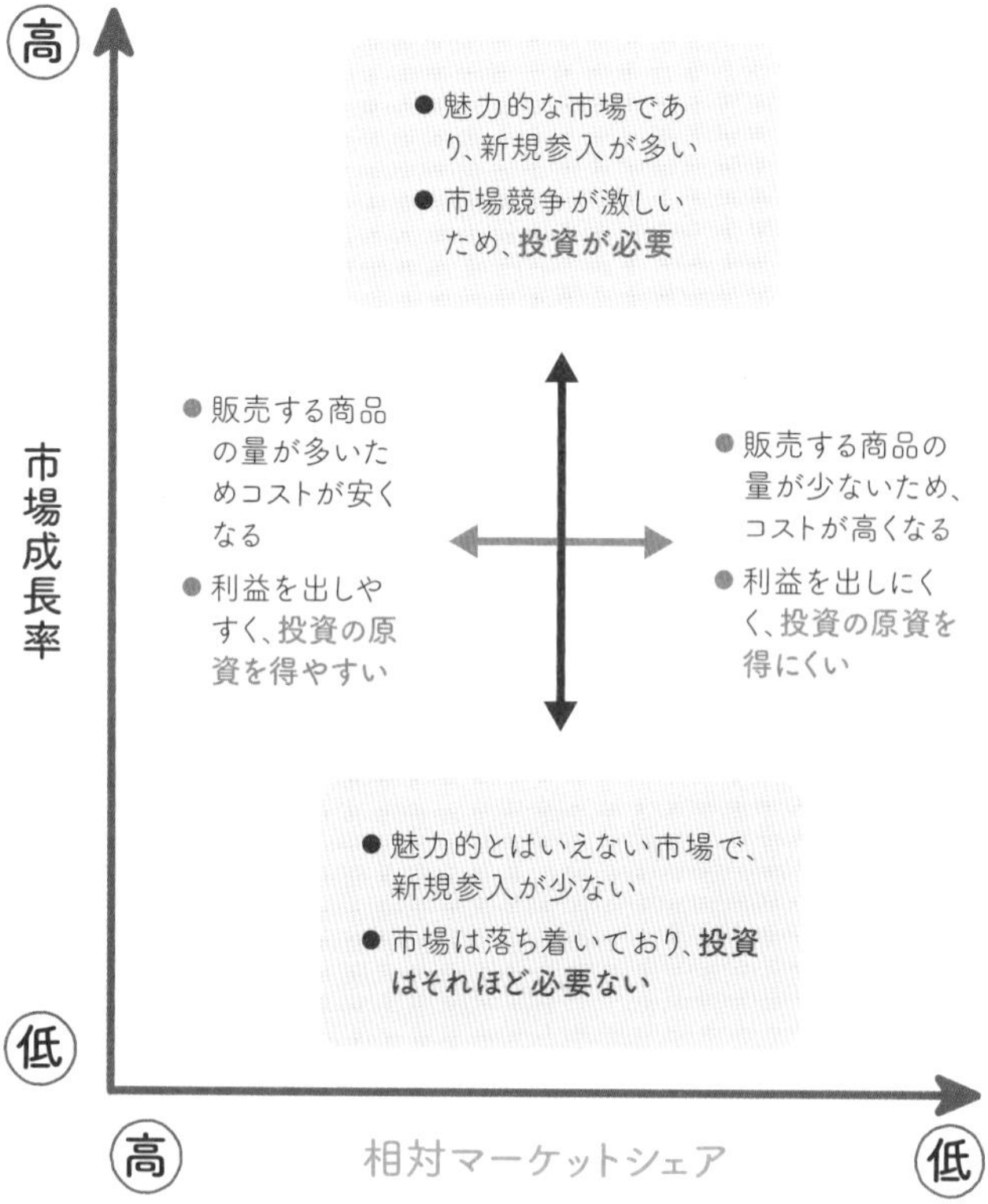
高
市場成長率
低
●魅力的な市場であり、新規参入が多い
●市場競争が激しいため、投資が必要
●販売する商品の量が多いためコストが安くなる
●利益を出しやすく、投資の原資を得やすい
●販売する商品の量が少ないため、コストが高くなる
●利益を出しにくく、投資の原資を得にくい
●魅力的とはいえない市場で、新規参入が少ない
●市場は落ち着いており、投資はそれほど必要ない
高
相対マーケットシェア
低

有限である経営資源の最適な分配方法を検討

BCG-PPMは、独立した複数の事業を行っている企業が、経営資源の分配を検討する、言い換えれば**〝選択と集中〟によって事業の取捨選択をするために活用する**フレームワークです。

　まずは、縦軸を市場成長率、横軸を相対マーケットシェアとして表をつくります。市場成長率は、「市場としての魅力」の度合いであり、高いほど「投資が必要」という意味があります。相対マーケット

〈各象限の状況〉

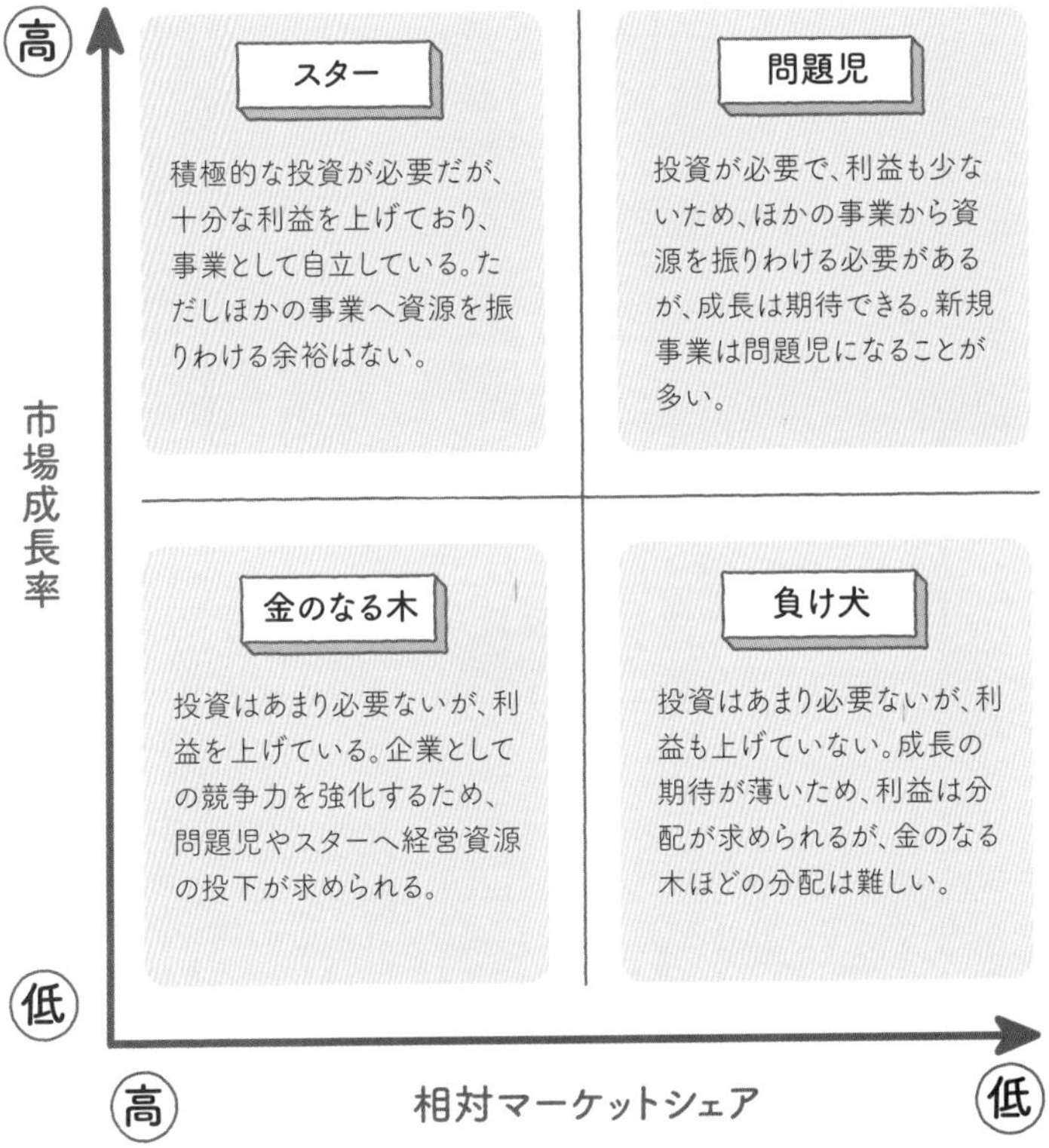
高
スター
積極的な投資が必要だが、十分な利益を上げており、事業として自立している。ただしほかの事業へ資源を振りわける余裕はない。
問題児
投資が必要で、利益も少ないため、ほかの事業から資源を振りわける必要があるが、成長は期待できる。新規事業は問題児になることが多い。
市場成長率
金のなる木
投資はあまり必要ないが、利益を上げている。企業としての競争力を強化するため、問題児やスターへ経営資源の投下が求められる。
負け犬
投資はあまり必要ないが、利益も上げていない。成長の期待が薄いため、利益は分配が求められるが、金のなる木ほどの分配は難しい。
低
高
相対マーケットシェア
低

シェアは、簡単にいえば「販売する商品の量」の多寡。高いほど「投資の原資を得やすい」ということです。表の**4つの象限は、それぞれの状況を反映し、「スター」「問題児」「金のなる木」「負け犬」**などと呼ばれます。

その後、各事業の売上規模を大きさで表現した円を表にプロットして完成です。これができたら、「問題児」や「負け犬」にある事業を「スター」や「金のなる木」に移動させる、もしくは新規事業をはじめる、事業から撤退するといった、資源配分の方向を考えます。

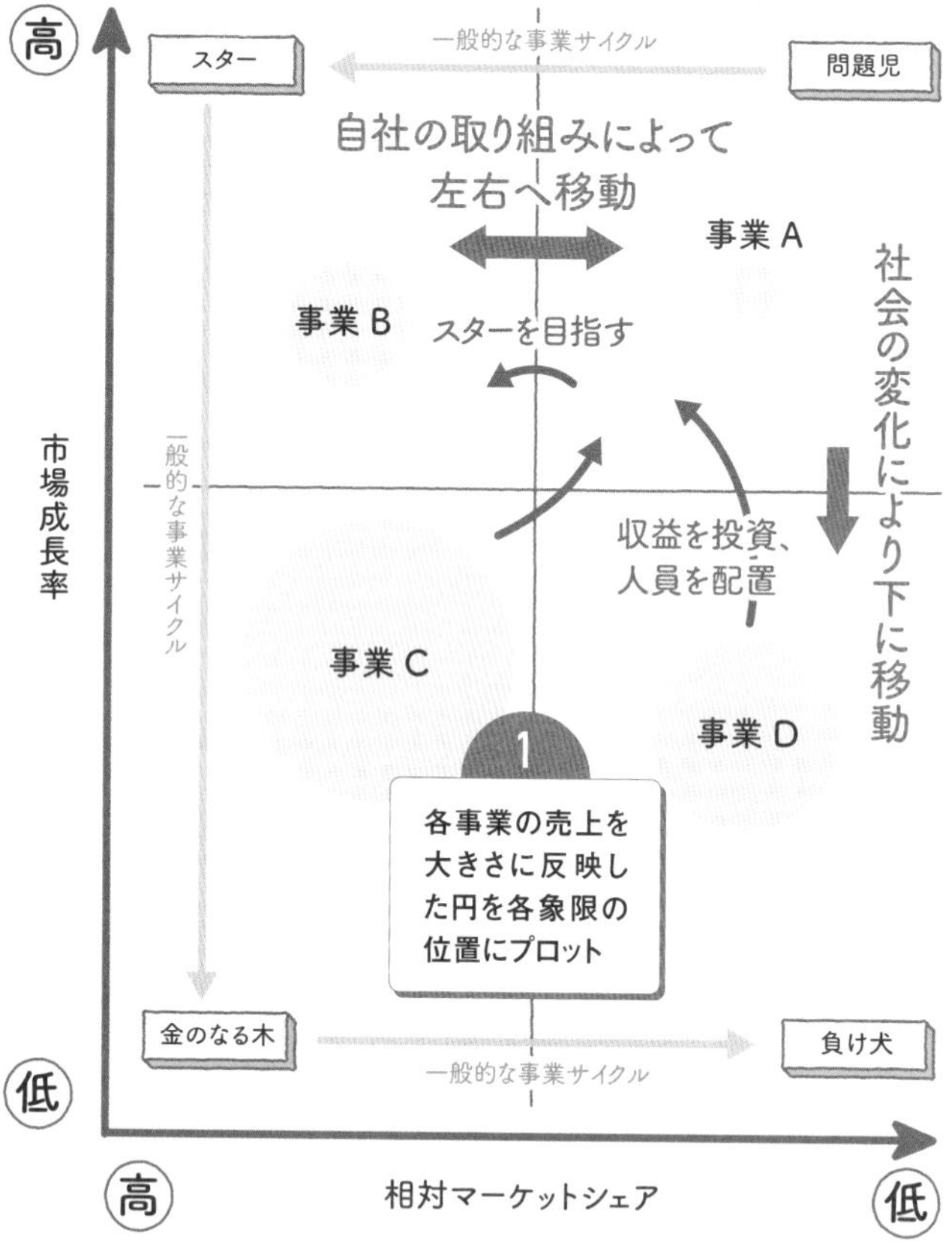

マトリクスからわかる経営資源分配の原則

BCG-PPMによって、事業ごとの経営資源の必要度や、確保のレベルを整理したら、どのように分配するかを考えます。正解はありませんが、基本的な考え方をみてみましょう。

資源の分配に関しては、通常、下方の**「金のなる木」「負け犬」にある事業で得た利益を、「問題児」、必要があれば「スター」へと投資**をします。

また、各事業の推移を考えると、基本的に市場成長率は時

注意 - 1

市場成長率は、上がる可能性も０ではない

市場は導入期から成長期、成熟期へと変わりますが、ライフスタイルの変化などにより、再成長をすることもあります。

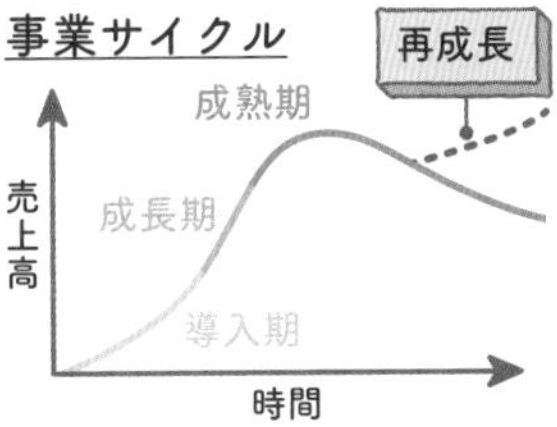

注意 - 2

現代の日本では多くの市場が当てはまる

成熟市場では「金のなる木」でも投資が必要なことも

現在の日本では多くの市場が成熟期ですが、激しい競争があるため、「金のなる木」の事業でも投資が必要になります。

注意 - 3

限られた資源のなかでは、「あきらめる」ことも重要

すべての事業の成長を目指すのは不可能

BCG-PPM は、事業の取捨選択をすることが大きな目的の１つであり、撤退や売却など、あきらめるという判断も重要です。

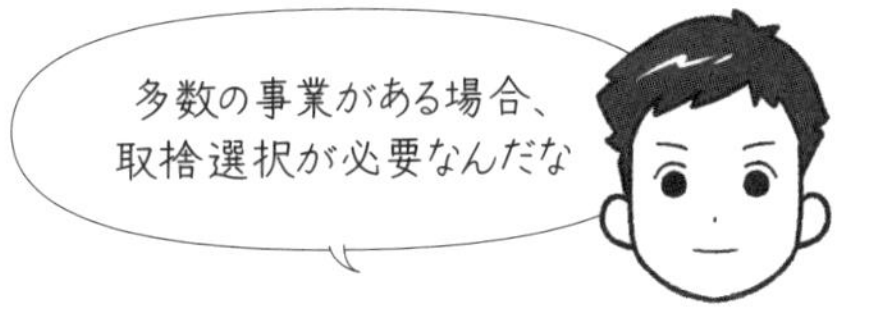

間とともに落ち着くため、表のなかで各事業は下へ移動するのが一般的です。これは社会の変化であり、企業努力は関係ありません。反対に、相対マーケットシェアは企業努力によって高めることができるため、横には動く可能性があります。

　ですから、**「金のなる木」「負け犬」から「問題児」へと経営資源を分配し、「スター」を目指すのが原則**でしょう。ただし、現在では市場成長率が高まることもあるなど、原則が当てはまらないこともあるので注意が必要です（上図参照）。

COLUMN

6

企業が採る基本的な競争戦略①

ポーターの基本戦略

COLUMN 6と7（P148）では、競合企業と競争するための基本的な戦略を構築する２つのフレームワークを紹介します。少々難しいですが、知っておくと役立つはずです。

▶ 企業の採れる戦略はたったの3つ!

まずは、「ポーターの基本戦略」。これは、**戦略は、「コストリーダーシップ」「差別化」「集中」の３つ**があり、「コストリーダーシップ」「差別化」は大規模なマス市場、「集中」は顧客や地域をしぼった特定市場を対象にするということを示しています（左図参照）。企業からみれば、マス市場をねらうのであれば「コストリーダーシップ」か「差別化」、特定市場なら「集中」が基本戦略になるのです。どの戦略を選ぶかは、業界内における企業のポジションなどによって変わります。

▶ コストリーダーシップ

コストリーダーシップとは、業界内でコストを最低にできる、つまり、商品が同価格なら１つあたりの利益が最大になるということで、基本的には**市場に最多の商品を提供する業界１位の企業が採る戦略**です。ただし、最近では技術革新の影響で大幅なコスト削減が可能で、１位でなくても使えるケースがあります。

▶ 差別化

業界２位以下の企業が採る戦略で、**商品にちがいを出すことで、特異なポジションの獲得を目指します**。ただし、業界１位に対抗するためにターゲットをマス市場にしたまま、エッジのきいた差別化商品を提供するのは現実的にかなり難しいため、機能しないことも少なくありません。今後は、例えば電化製品にアートの考えを盛り込むなど、単純な機能の追加などとは異なる考え方が必要でしょう。

▶ 集中

これも差別化と同様、業界２位以下の戦略で、**特定の顧客や地域、販売チャンネルに集中する戦略**です。差別化とのちがいとして、集中は業界１位に対抗はせず、最初から業界１位が入れない特定の領域にしぼってビジネスを行う点です。

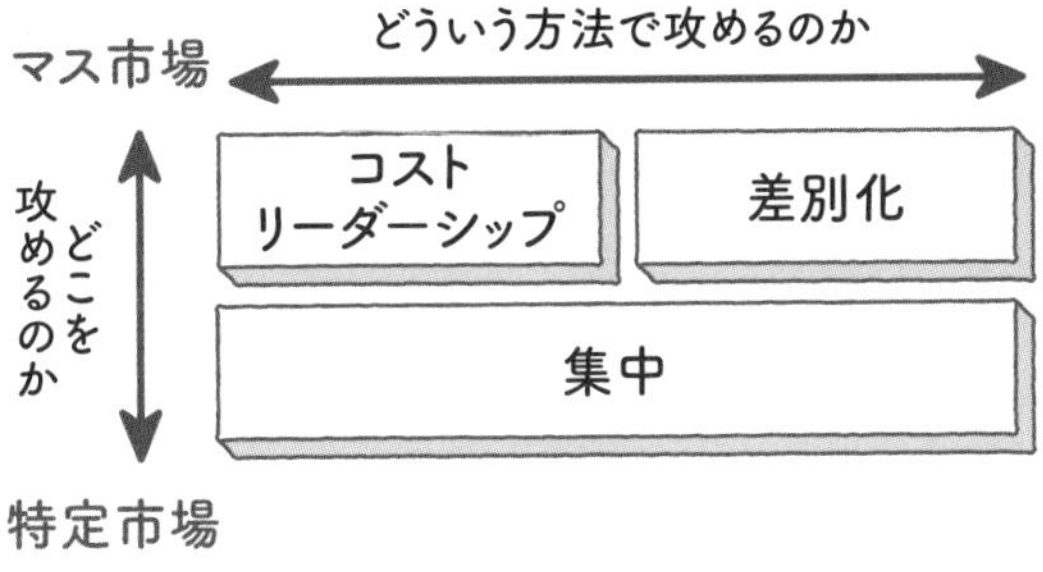

ほかにもたくさん!

本当に役立つ ビジネスフレームワーク

BUSINESS FRAMEWORK

2章の前半では、業務の内容や階層ごとに重要なフレームワークを紹介しました。ここからはアイデア出しや品質管理、業務フローの整理など、さまざまな場面で活用できるフレームワークを紹介します。

顧客の全体像から施策を最適化

パレート分析

目的 効率的な方針を検討する

タイミング 施策の検討

「顧客ごとの売上金額」や、「営業担当ごとの契約金額」など、上位の20%が全体の80%を占める現象をパレートの法則といい、これをフレームワークに応用したのがパレート分析です。この法則を利用し、自社への貢献度が高い層に向けて集中的な施策を行うことで、高い費用対効果を実現することができます。また、貢献度の高い層だけでなく、貢献度に合わせて異なる施策を行うことで、より効率的な運営をすることができるのです。

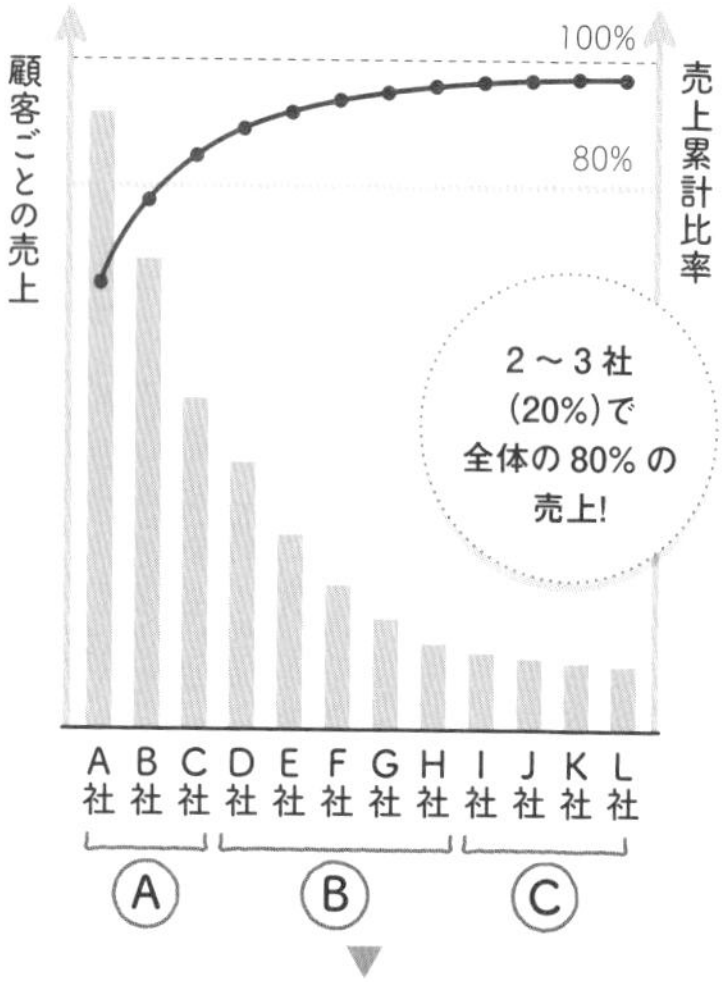

各層に合わせた手法でマーケティングを行う!

来店日や使用金額で顧客を見極める

RFM分析

目的 顧客の構造化
タイミング 顧客分析

RFM分析もパレート分析(P108)と同様に顧客を分析するフレームワークです。顧客の動向をRecency（最終購入日）、Frequency（購入頻度）、Monetary（累計購買金額）の3つの要素で評価し、すべてが高い優良顧客には優先的にアプローチしたり、Mが低い顧客には低価格の商品を提案したりするなど、マーケティング施策に役立てることができます。実際に取り組む際は、日付や頻度、金額を点数化すると取り組みやすいでしょう。

顧客	R		F		M		総合
	最終購入日	点	購入頻度	点	購入金額	点	
A	20XX年XX/XX	3	9回	5	12万円	4	12
B	20XX年XX/XX	3	6回	3	14万円	5	11
C	20XX年XX/XX	1	2回	1	5万円	2	4
D	20XX年XX/XX	5	1回	1	7万円	3	9
E	20XX年XX/XX	2	5回	3	3万円	1	6
F	20XX年XX/XX	1	2回	1	6万円	2	4
G	20XX年XX/XX	5	7回	3	10万円	4	12

顧客の心の動きや行動を想像

カスタマージャーニーマップ

目的 顧客に対する理解促進
タイミング マーケティング戦略の立案時

顧客が自社の商品と接点をもってから購入するまでのプロセスを、時系列に沿ってまとめたカスタマージャーニーマップ。顧客分析やマーケティング施策設計など幅広い場面で役立ちます。具体的には、消費者の「認知」「興味」「検討」「行動」における、接点や行動、心理、ニーズを想定します。ネガティブな要素を記しておけば、事前に対応することができるはずです。

	認知	興味	検討
接点	ネットニュースやSNS投稿	レビュー記事やまとめサイト	
行動	ハッシュタグから検索し、画像を確認	空き時間にスマホで商品を検索	
心理	興味のある商品だが、少し高いな	キャンペーンやサービスがないかな	
ニーズ	少し値段が安ければ興味が湧く	プロモーション施策の実施	

顧客目線で、最適な施策を考える

AIDMA 分析

目的 コミュニケーション施策の最適化

タイミング マーケティング戦略の設計

P109 のカスタマージャーニーマップと同様に顧客の購買プロセスを可視化する AIDMA 分析。Attention は認知、Interest は関心、Desire は欲求、Memory は記憶、Action は行動を意味します。5 つのフローにおいて、消費者の目線で商品やサービスに対する反応を考えることで、企業側は最適なプロモーション施策を展開することができます。また、マーケティングの側面だけでなく、商品開発などにも役立つフレームワークです。

	顧客の反応	企業対応
A Attention（認知）	「こんな商品がある」	・広告で露出を増やし、認知度を上げる
I Interest（関心）	「なんだろう、これ」	・ニーズに合った情報を提供する
D Desire（欲求）	「ちょっと欲しいかも」	・商品と触れ合うキャンペーン
M Memory（記憶）	「あそこで売ってたな」	・販売する店舗などの購入手段を周知
A Action（行動）	「買っちゃおう！」	・購入を検討する顧客の背中を押す

ユーザーの成長を事業成長につなぐ

AARRR

目的 ユーザー動向の整理と改善点の発見

タイミング 事業成長を促進するとき

これは、商品の成長を①Acquisition（ユーザー獲得を目指す）、②Activation（ユーザーの利用を目指す：活性化）、③Retention（ユーザーの継続を目指す）、④Referral（ユーザーから紹介されることを目指す）、⑤Revenue（収益最大化を目指す）という5つの段階にわけ、各段階で目標を決め、検証を行うフレームワークです。各段階の目標に対する検証を行い、改善をしていくことで商品全体の改善につながります。

	施策	KPIの例
A（獲得）	広告を出す、SEO対策など	・訪問数 ・登録者数
A（活性化）	体験会の実施、会員登録特典の展開など	・トライアルユーザー数 ・利用時間
R（継続）	割引キャンペーン、メルマガなど	・再訪問数 ・連続利用日数
R（紹介）	紹介インセンティブ付与、SNSシェア機能の展開	・紹介ユーザー数 ・メディア掲載数
R（収益化）	ユーザー数×単価の最大化を実現する施策	・購入金額 ・広告視聴回数

取りこぼした顧客を減らしたい

ファネル分析

目的 購買率の向上
タイミング マーケティング施策立案

ファネル分析は、消費者が商品の存在を知り、購入するまでのプロセスを時系列に沿って、「認知」→「興味・関心」→「比較・検討」→「行動」の4つにわけ、各フェーズの人数を把握するフレームワークです。段々と先が細くなっていく漏斗《ろうと》(funnel)から、その名がつけられました。そして、「大幅に人が離脱したフェーズ」を把握し、そこに対して集中的に改善施策を行うことで、購買率を向上させることができるのです。

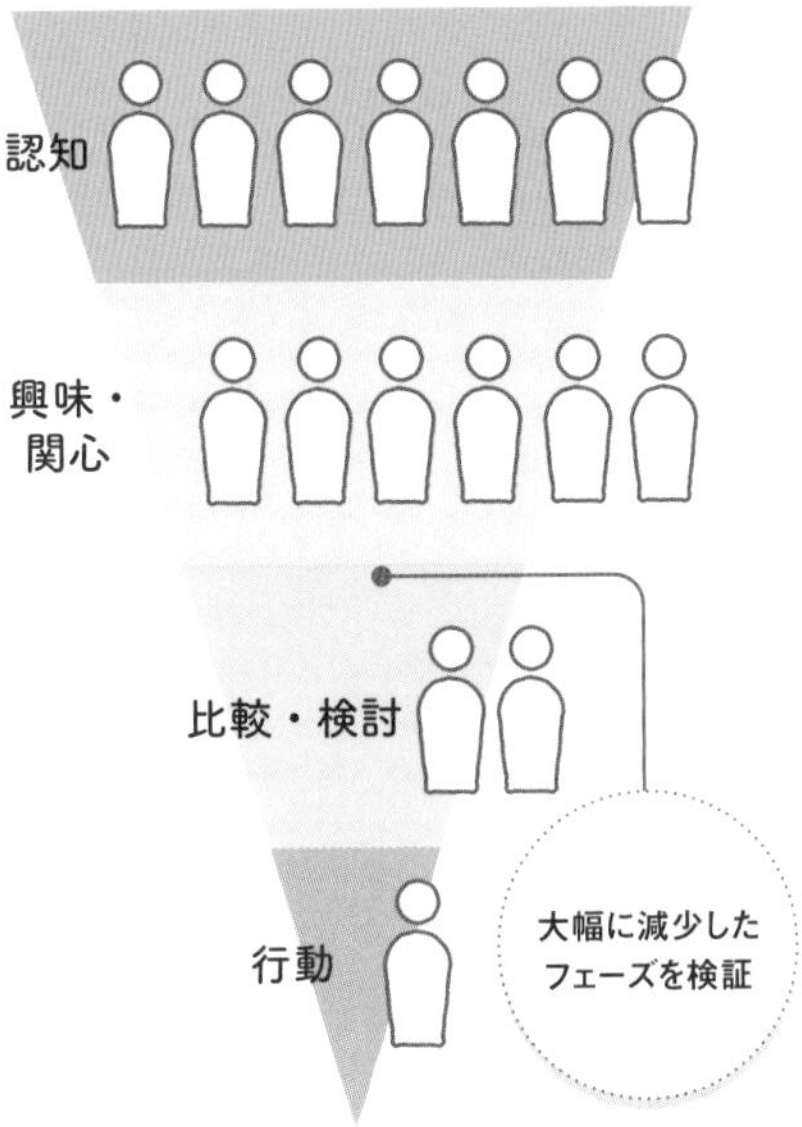

テーマを分解し、アイデアを練る

形態分析法

目的 新しいアイデアの発想
タイミング 施策の立案時など

形態分析法は、アイデアを練るのに役立つフレームワークです。使い方は、まずテーマに対して「変数」を考えます。変数はテーマに影響力の高い要素で、右図では「雰囲気」などを挙げています。ほかにも「サービス」「スタッフ」などが考えられますが、3つ程度に絞りましょう。次に、各変数に対し、さまざまな例を考えます。ここはいくつでも構いません。その後、各要素を組み合わせて新しいアイデアを考える、という流れになります。

テーマ
「新規出店するレストラン」

	変数① 雰囲気	変数② 料理	変数③ 立地
A	静かでしっとり	プロにしかつくれない	郊外
B	元気に盛り上がる	家庭的な料理	商店街
C	家族連れでリラックス	カジュアルだが家庭ではできない	住宅街

採用

連想によってアイデアを広げる

マンダラート

目的　新しいアイデアの発想
タイミング　施策の立案時など

言葉の連想によってアイデアを発想するフレームワークであるマンダラート。正方形のマス目の中心にキーワードを置き、連想するアイデアやキーワードをその周辺に記します。さらにアイデアを広げたいときには、1度目で連想した言葉をキーワードにして（右図の場合は口コミ）中心に置き、再び連想。アイデアが十分に出たら、組み合わせたりしながら実現ができそうなアイデアを構築していく、という流れです。

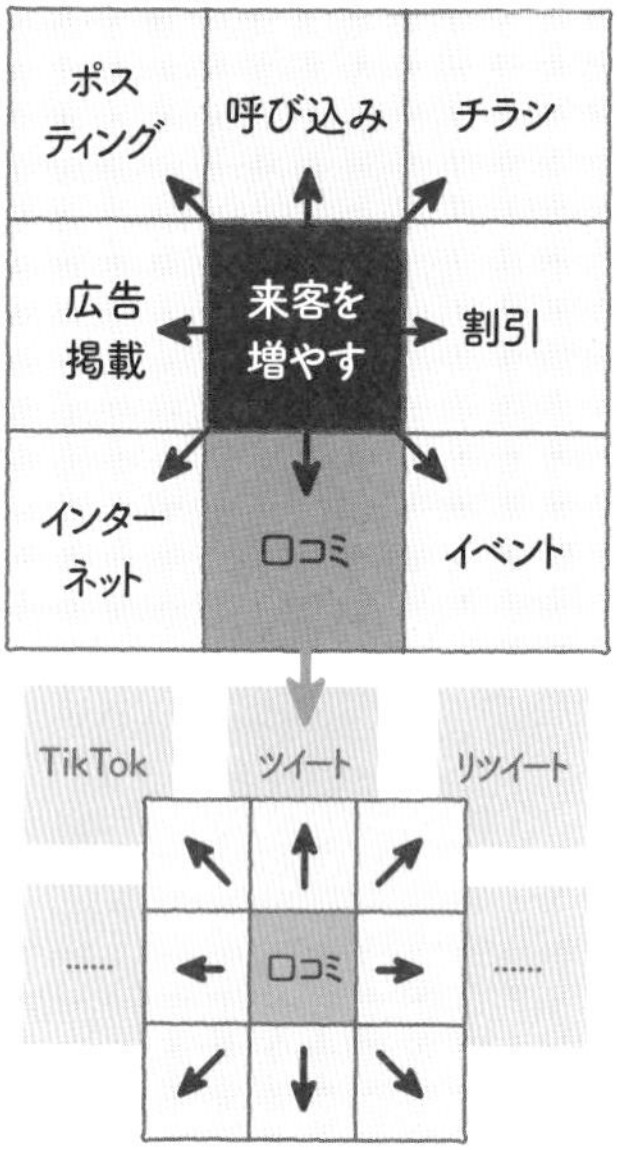

ストーリーテーリングによる発想

シナリオグラフ

目的　新しいアイデアの発想
タイミング　施策の立案時など

ストーリーを考えることで、新しいアイデアを発想するという珍しいフレームワークであるシナリオグラフ。「誰が」「いつ」「どこで」「なにを」の4つの要素について自由に挙げていき、ある程度の数が出てきたら、ランダムに組み合わせて物語をつくります。4つの要素を考える際、はじめは普段と同じ発想になるため、可能な限り多く出すのがポイントです。ほかのメンバーに取り組んでもらうのもいいでしょう。

6つの視点でアイデアを評価

SUCCESs

目的　アイデアの評価、改善
タイミング　選択が必要なとき

アイデアを評価、改善する際に活用するSUCCESs。Simple(単純性)、Unexpected(意外性)、Concrete(具体的)、Credential(信頼性)、Emotional(情緒性)、Story(物語性)という評価の視点の頭文字を取ったものです。このフレームワークを活用する際は、自分で確認するだけでなく、周囲のメンバーにも6つの視点で確認してもらうと、より客観的な意見になります。アイデアだけでなく、プレゼンテーションの評価、改善にも活用できます。

	内容	評価
S（単純性）	シンプルで第三者にも伝わるか	●取り組みが複雑で頭に入りにくい。
U（意外性）	一般的なものとはちがいがあるか	●差別化はされているが、意外とまではいえない。
C（具体的）	細部まで構築されているか	●現場のリアルな意見が反映されている。
C（信頼性）	過去の事例や根拠などがあるか	●最新データがベースなので信頼できる。
E（情緒性）	感情に訴えかける要素があるか	●客観的な数字のみでは想いは伝わらない。
S（物語性）	時系列やプロセスなどの流れはあるか	●フローは検討されているが、スムーズさが足りない。

取り組むアイデアを論理的に選ぶ

ペイオフマトリクス

目的　アイデアの優先順位づけ
タイミング　選択が必要なとき

ペイオフマトリクスはアイデアを選択し、取り組む優先順位をつけるフレームワークです。使い方は「実現性」と「効果」で表をつくり、4つの象限にアイデアを配置します。一般的に、最初に取り組むのは右上（実現性も効果も高い）アイデアであり、次は右下のアイデアです。実現できるものに取り組んだあと、左上のアイデアに注力します。左下のアイデアは取り組まない、もしくは改善してから再度検討するようにしましょう。

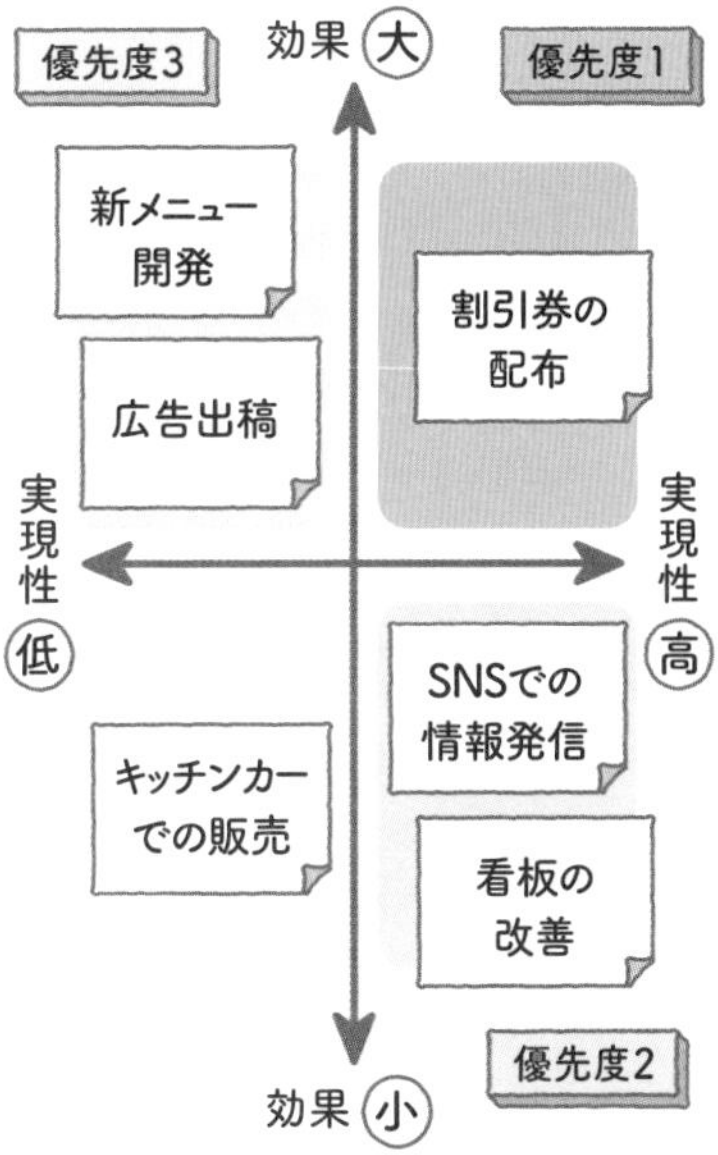

アイデアのリサイクルが可能に

SCAMPER

目的 新しいアイデアの発想

タイミング 施策の立案時など

既存のアイデアを見直すことで、アイデアの拡張、量産ができるSCAMPER。Substitute（代用）、Combine（組み合わせ）、Adapt（適応）、Modify（修正）、Put to other uses（ほかの使い方）、Eliminate（削減）、Reverse（逆転）の頭文字です。あるアイデアに対して、「別のもので代用できないか」「機能を組み合わせられないか」など7つの視点で考えることによって、たくさんのアイデアを生み出すことができます。

S 代用	● 別のもので代用する ● プロセスや成分、場所を置き換える
C 組み合わせ	● 2つ以上のものを組み合わせる ● ハードウェアや機能を組み合わせる
A 適応	● 既存のアイデアを応用する ● ほかの業界のアイデアを当てはめる
M 修正	● 商品を修正する ● 製品のサイズ、機能の大小を変える
P ほかの使い方	● 技術などを別の使い方をする ● ターゲットや業界を変えてみる
E 削減	● 機能やプロセスを削除する ● シンプルなデザイン、機能を最小限にする
R 逆転	● 逆にしたり、並べ替えたりする ● プロセス、出口と入口を逆にしてみる

効率的に効率化のアイデアを考える

ECRS

目的 業務改善のアイデアを出す

タイミング 業務の効率化を行う際

ECRSは、ある業務を効率化するための改善策を考えるサポートをしてくれるフレームワークです。ECRSはEliminate（排除）、Combine（結合）、Rearrange（代替）、Simplify（簡素化）という言葉の頭文字であり、改善効果の高い順番になっています。活用方法としては、ある業務に対し、「省けないか」「ほかの作業と一緒にできないか」「ほかの作業と交換できないか」「簡単にできないか」と考えると、業務改善のアイデアが生まれるでしょう。

Eliminate（排除）

- 重要性の低いタスクや手順をやめる
- 過剰なチェックや条件をなくす

Combine（結合）

- 重複する業務を1本化する
- 一度に発注する量を増やす

Rearrange（交換）

- 時間や場所などを替える
- アウトソーシングする

Simplify（簡素化）

- 工程を省く
- 間接的なやり取りを直接にしてもらう

明確な理由で採否を決定できる

プロコンリスト

目的 アイデアの取捨選択
タイミング 選択が必要なとき

「プロス=賛成」「コンス=反対」から名づけられたプロコンリストは、アイデアの採否を決めたり、複数の選択肢から最適な案を選んだりする際に役立つフレームワークです。あるテーマに対する賛成意見とメリット、反対意見とデメリットを、できるだけ多く出し、各意見について○△×や点数で重要度を評価します。こうすることで、網羅的な意見を可視化したり、最大のメリット・デメリットを把握したりしたうえで、判断ができるのです。

テーマ
「SNSの活用」

賛成（プロス）	評価	反対（コンス）	評価
費用をかけずにPR	○	日常業務を圧迫	×
ノウハウが蓄積	△	炎上のリスク	×
新規顧客との接触	×	掲載内容のチェックが必要	○
過去のPRが一覧できる	×	事前学習が必要	×
顧客とのコミュニケーション	○	誤解される可能性	△
将来的に収益化	×		
⋮		⋮	

仕事力と組織力でチームを考える

PM 理論

目的 メンバーの育成方針の検討など
タイミング いつでも

育成方針の検討や、組織の分類などに活用する PM 理論。目標達成機能（Performance）と、集団維持機能（Maintenance）でマトリクスをつくり、PM 型、Pm 型、pM 型、pm 型（大文字は高機能、小文字は低機能）の 4 つの象限にわけます。育成方針の検討が目的なら、メンバーを表にプロット。好ましいのは PM 型ですので、Pm 型、pM 型の人材を PM 型に育成する、組織全体でバランスを取るなどの施策が必要でしょう。

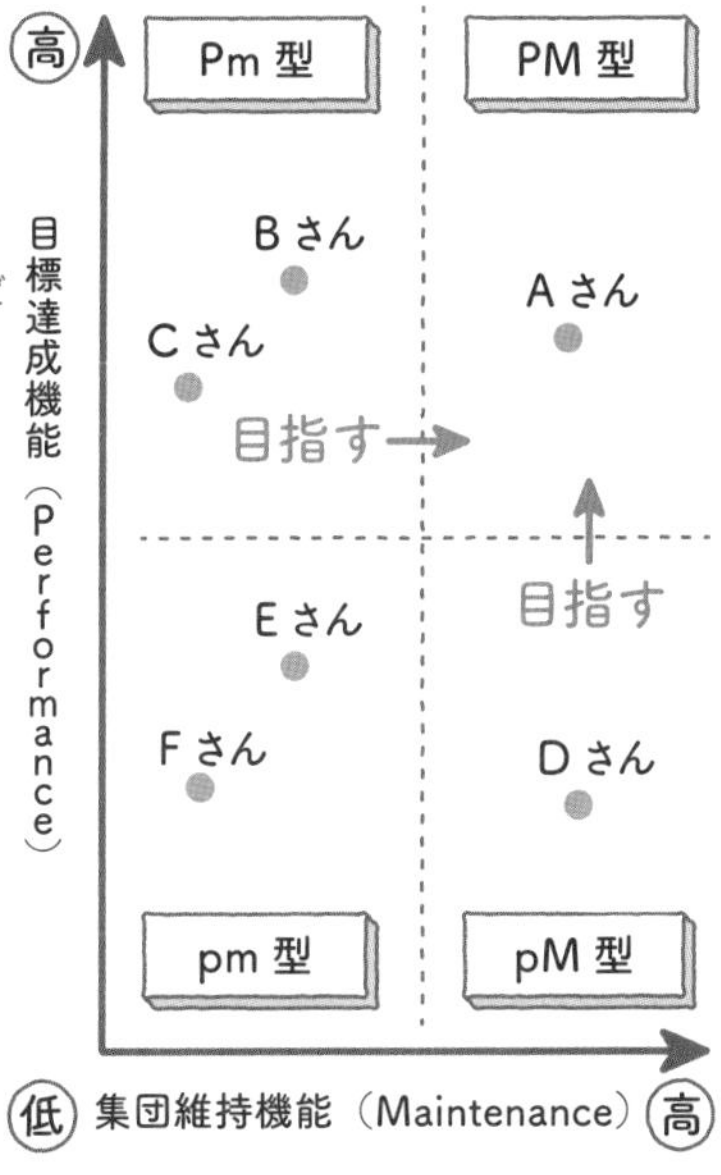

関係者の対応をシンプルに最適化

ステークホルダー分析

目的 メンバーのマネジメント
タイミング いつでも

ステークホルダー分析は、プロジェクトや組織運営における関係者たちの影響度と関心度を可視化するフレームワーク。これにより、影響度や関心度が高い人には「最優先でのレスポンス」、影響度は高いが関心度が低い人には「満足感を維持する」など、適切な対応をとることができるのです。使い方は関心度と影響度でマトリクスをつくり、関係者をマトリクス上にプロットするというシンプルなものになります。

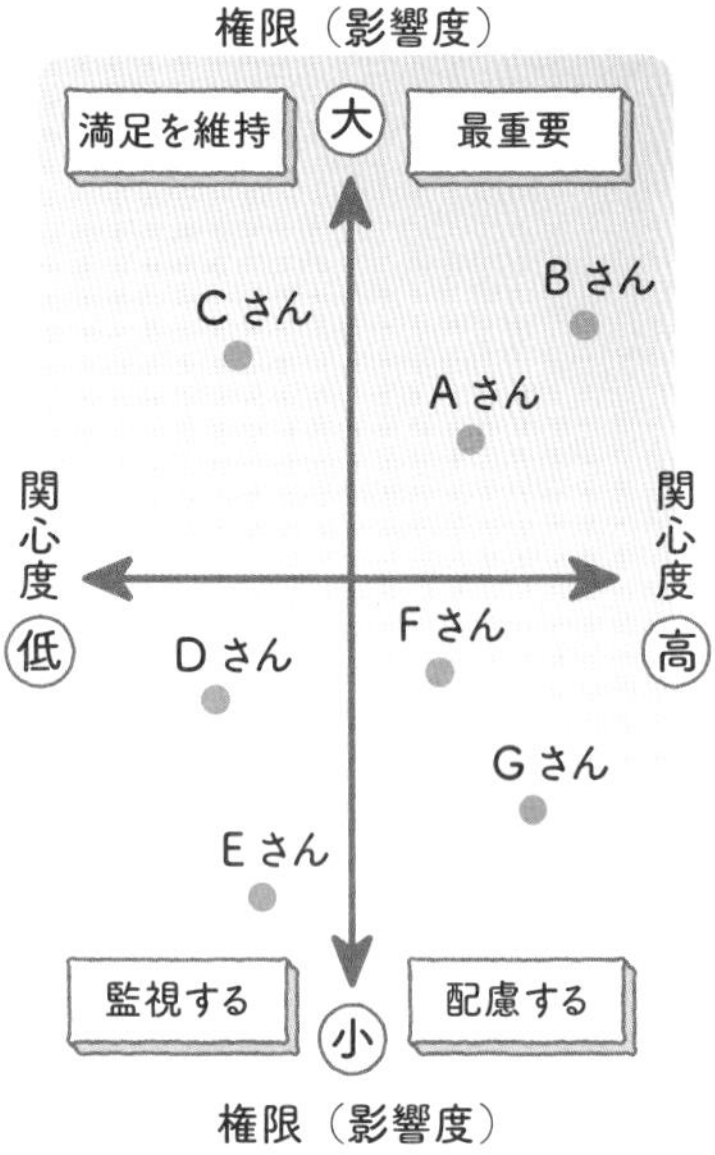

やる気と能力を考え、成長を促進

Will-Skill マネジメント

目的 人材育成
タイミング いつでも

Will-Skill マネジメントは、「やる気」と「能力」でマトリクスをつくり、各チームメンバーの位置をプロットするフレームワークです。右上のやる気も能力もある人には権限を委譲、やる気はあっても能力が低い新人などには業務を指導、能力は十分だがやる気が低い人にはモチベーションに着火、やる気も能力も低い人には、命じて取り組んでもらい、成功体験を積む、といったように個人の状況に合わせた対応ができます。

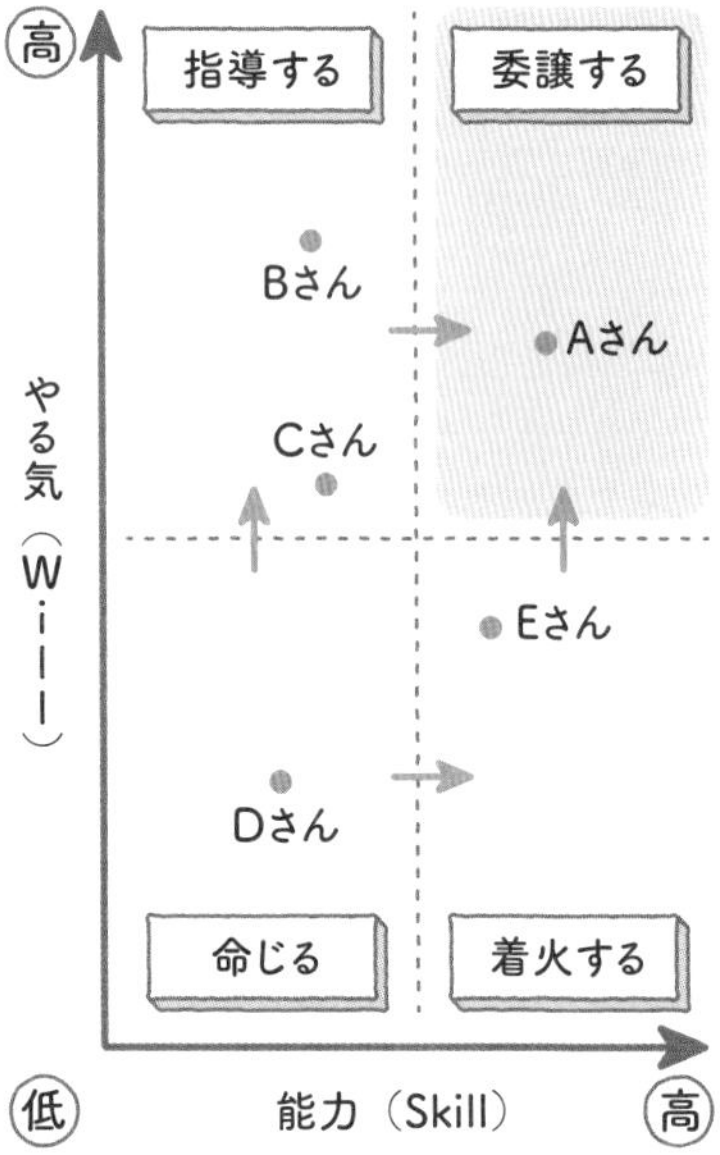

"自分で考える"ことをサポート

GROW モデル

目的 人材育成

タイミング いつでも

GROW モデルは指導というよりも、対話によって相手の意思を引き出して成長を支援する、コーチングで活用されるフレームワークです。部下と一緒に、まずは目標(Goal)から、現状(Reality)を把握し、目標達成に役立つ人脈やスキルなどの資源(Resource)を見直します。その後、目標までの選択肢(Options)を考え、なにからはじめるか、部下の意思(Will)を確認します。自ら考えることをうながし、意欲を引き出すことができるのです。

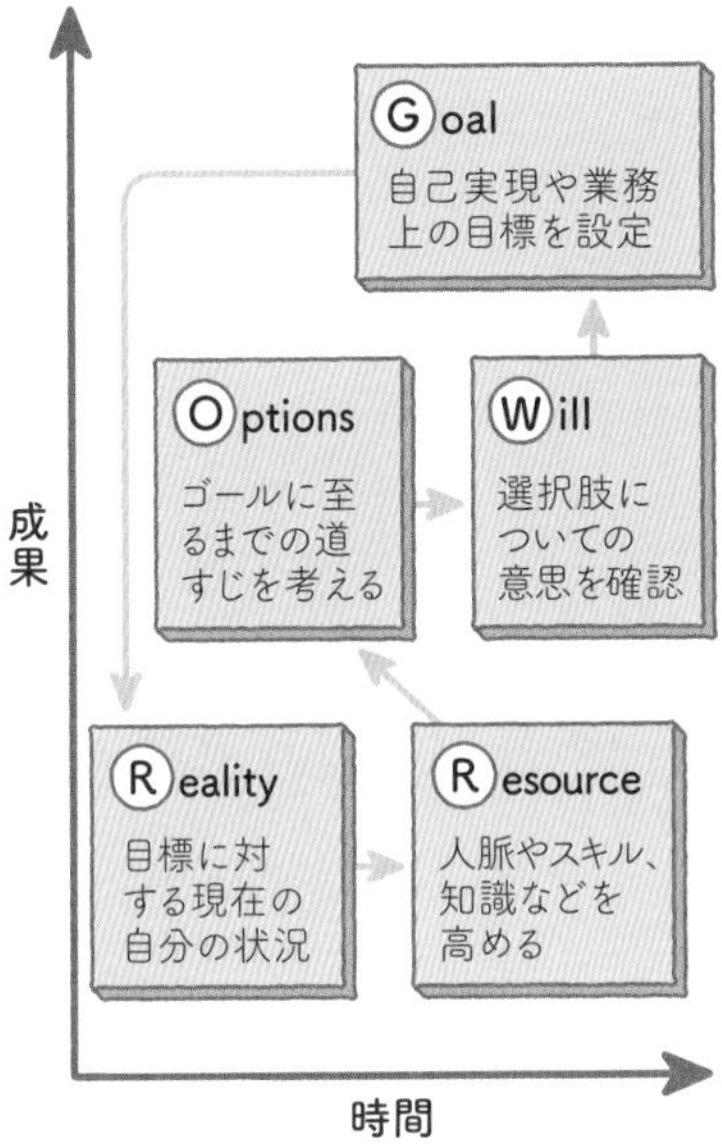

今やビジネスパーソンの基本

PDCA

目的 業務の改善

タイミング 常時

社会で広く知られるようになったPDCAは、継続的に業務の質を改善していく手法で、生産性向上や売上増加、マネジメントの効率化など非常に幅広い場面で活用できます。ある業務を行う際、事前に①計画(Plan)を立てて、②実行(Do)し、その後に③検証(Check)して、すぐに④改善(Action)を行い、また①に戻るというサイクルで進んでいきます。現在ではビジネスパーソンとしての基本の1つといえるかもしれません。

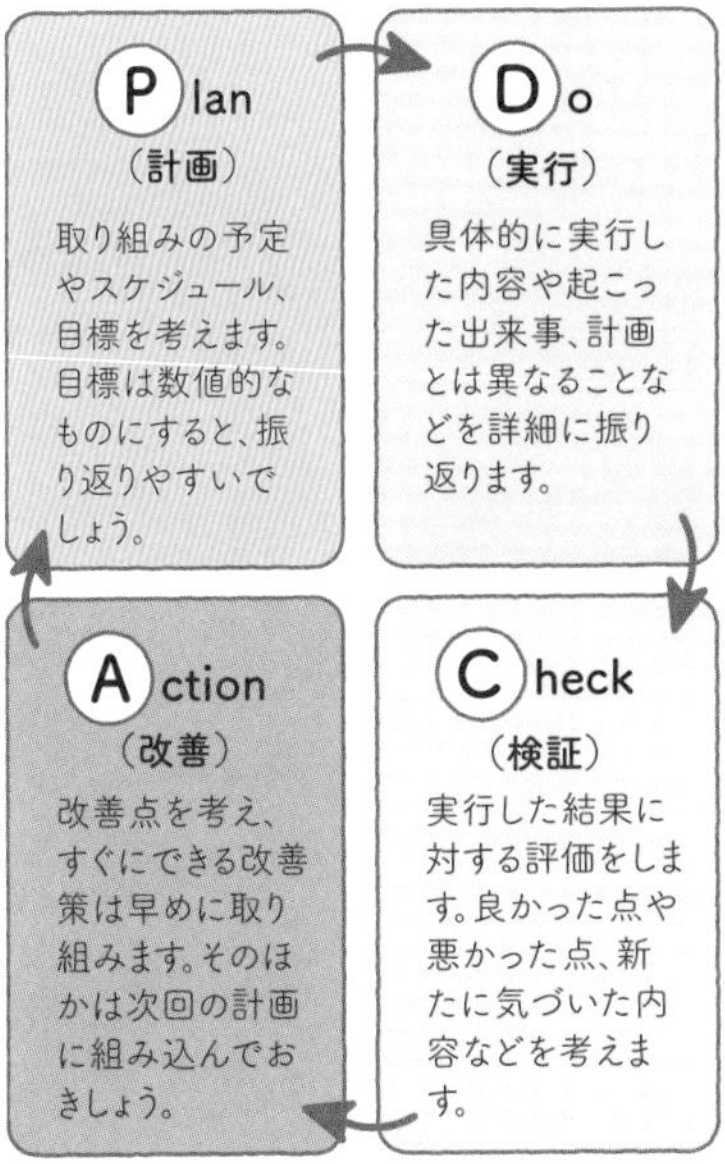

うまい・はやい・やすいは常に重要

QCD

目的　生産管理や経営改善
タイミング　業務改善のときなど

QCDは、主に製造業において、生産管理や経営改善の基本とされてきたフレームワークです。「品質(Quality)」「費用(Cost)」「納期(Delivery)」を表し、品質を高めて費用をおさえ、納期を守ることで顧客満足度の向上につながります。とはいえ、3つのなかでもっとも重要なのは最初の文字である品質。3つは独立しているわけではなく、関連しているので、品質維持のためにコストや納期をどう調整するかを考えることが重要です。

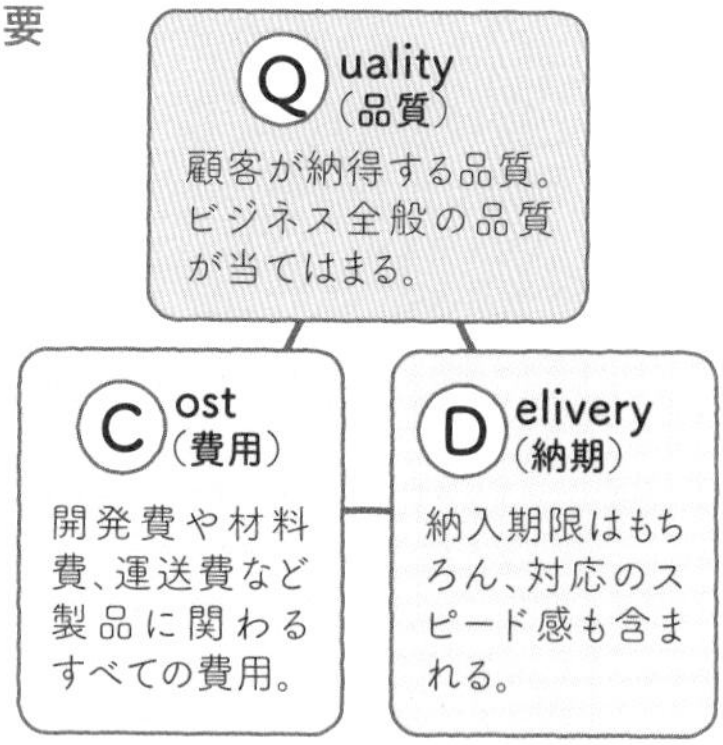
Quality（品質）
顧客が納得する品質。ビジネス全般の品質が当てはまる。
Cost（費用）
開発費や材料費、運送費など製品に関わるすべての費用。
Delivery（納期）
納入期限はもちろん、対応のスピード感も含まれる。

CとQとDの関係

- 品質向上には、費用と納期の確保が必要
- 費用を削減すると、品質が下がる
- 納期を早めると品質が下がり、時間外作業のため費用が上がる

“振り返り”により業務を改善

KPT

目的　業務改善、改善点の共有
タイミング　業務の見直しをするときなど

KPTもPDCAのように業務を改善するフレームワークですが、“振り返り”に主眼を置いています。業務のなかで良かったこと、つまり継続(Keep)する部分と、修正する改善点(Problem)、また、2つを踏まえて新たに挑戦(Try)することをまとめていきます。これにより、個人が感じたことをチームで共有しやすくなり、課題や気づきを得ることができるのです。業務内容だけでなく、プロセスまで考えると有意義な振り返りになるでしょう。

<table>
<tr><th>Keep（継続）</th><th>Try（挑戦）</th></tr>
<tr><td>・来場者が過去最多で、アンケートでは多くの人が満足したと答えた
・フローを改善したことで、これまでよりも低コストでイベントができた</td><td rowspan="3">・プログラム設計の期間や設営の時間を長めに取る
・すべてのフローでバッファを取る
・協力会社とのコミュニケーションは常に社内に共有しておく
・すべてをまとめる立場の人間に情報が集まるような体制にする
・リーフレットやポスターだけでなく、SNSを活用した告知に注力する</td></tr>
<tr><th>Problem（改善）</th></tr>
<tr><td>・スケジュール管理があまく、全体の進行が大変だった
・協力会社とのコミュニケーションが不足し、予定が変更になった</td></tr>
</table>

打ち合わせの前に決めておくこと

OARR

目的 円滑な議事進行
タイミング 打ち合わせ・会議

2章のSection2で、会議などを円滑に進めるためのフレームワークを紹介しましたが、OARRも打ち合わせに関するフレームワークです。OARRとはOutcome（目標）、Agenda（議題）、Role（役割）、Rule(規則)の頭文字を集めたもので、打ち合わせをスムーズに進めるために必要な4つの点をまとめています。事前にこの4点は合意をとっておくといいでしょう。

(O)utcome（目標）

なにかを決める、アイデアを出すなど、会議や打ち合わせで達成するべきこと。もっとも重要。

(A)genda（議題）

目標を果たすための道筋において必要な論点。スケジュールなども含みます。

(R)ole（役割）

進行役や議事録役、書記役など、会議においてメンバーが行うべきこと。

(R)ule(規則)

否定をしない、遮らない、発言は1人○分までなど、目的に合わせた会議の約束。

ずっと良好な関係でいるために

PRAM

目的 良好な関係構築
タイミング コミュニケーションのときなど

Plan(計画)、Relation(関係構築)、Agreement(合意形成)、Maintenance(関係維持)の頭文字をとったPRAMは、顧客などと「良好な関係性をつくる」フレームワークです。交渉においては、商談の前からどのようにコミュニケーションをするかの計画をして、交渉前に関係を構築し、実際の商談で合意形成を経て、フォローにより関係を維持していくというサイクルを回していくことで、双方が満足できるものになります。

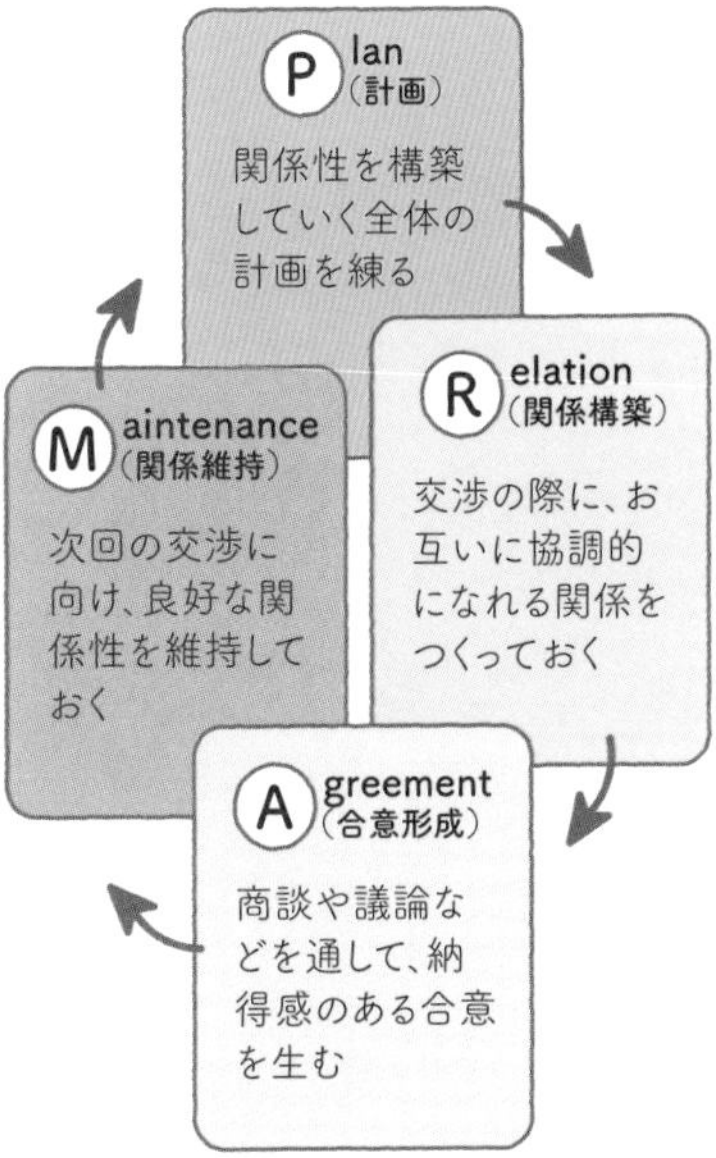
(P)lan
(計画)
関係性を構築していく全体の計画を練る
(R)elation
(関係構築)
交渉の際に、お互いに協調的になれる関係をつくっておく
(A)greement
(合意形成)
商談や議論などを通して、納得感のある合意を生む
(M)aintenance
(関係維持)
次回の交渉に向け、良好な関係性を維持しておく

未来までの道すじを明確にする

ロードマップ

目的 事業成長の可視化
タイミング 目標を共有するとき

現在から将来的な目標に通じるまでのフローを示したロードマップ。目標に至るまでの時間や事業規模を軸に、取り組みなどを記すことで、部署のメンバーなどと長期的なイメージを共有することができます。明確なつくり方はありませんが、一般的には縦軸を事業規模、横軸を時間にして、現状から、フェーズ①、フェーズ②……目標の状態までを記し、成長していくために必要な取り組み(左上)や組織体制(右下)などを記していきます。

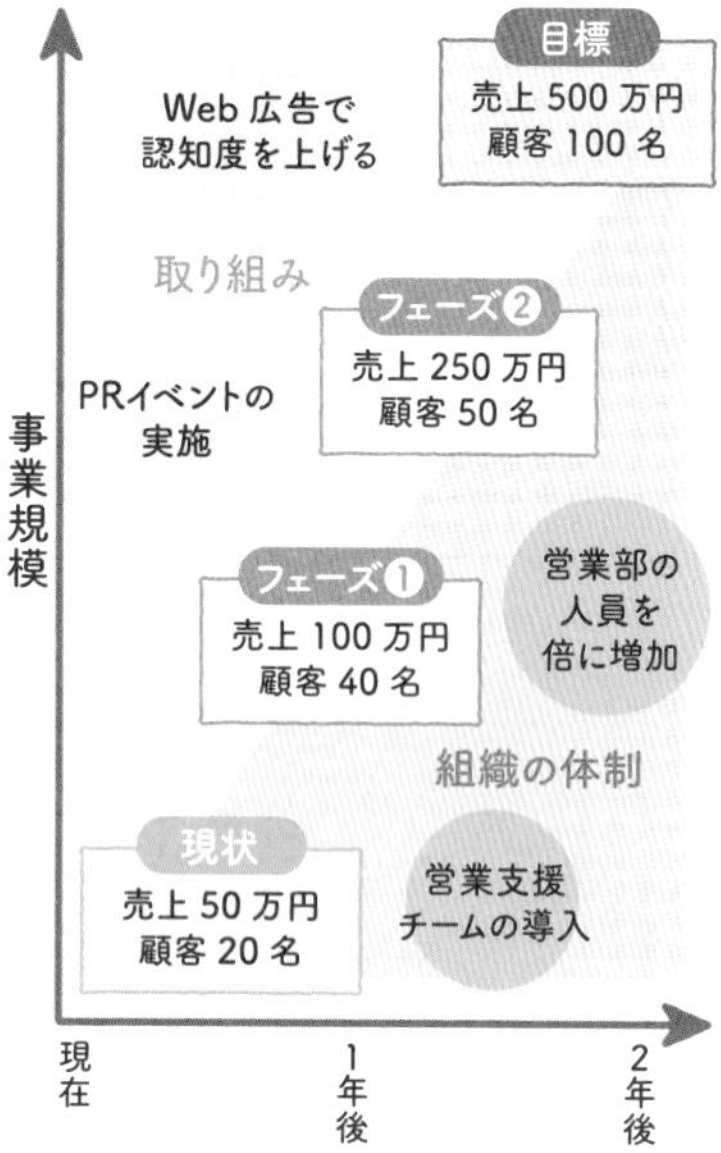

「その組織とは？」を明確に表現

ミッション、ビジョン、バリュー

目的 組織の意思統一
タイミング 組織の始動時など

組織の「存在意義」や「あるべき姿」、「行動指針」をまとめたミッション、ビジョン、バリュー。進んでいく方向をメンバーで統一し、対外的に組織の要諦を示すために、最上位の企業理念などとして公表している企業も少なくありません。ミッションは社会で果たすべき役割や提供する価値、ビジョンは中長期的な視点で組織のあるべき姿、バリューはミッションやバリューを実現するための行動指針や姿勢を示しています。

ミッション、ビジョン、バリューの例

ある業界の“もうかりやすさ”を考える

5Fs分析

目的 業界の競争構造や収益性の分析
タイミング 新規参入の検討など

5Fs分析は、5つの視点で業界の競争や収益性の高低を分析するフレームワークです。各要素の事例を考えると、「既存業者間の敵対関係」ではシェアの争奪があり、競争が激しい場合や、仕入れ先である「売り手」や顧客である「買い手」の選択肢が多い場合は、収益が上げにくくなるでしょう。また、当然、参入障壁が低く「新規参入」が多かったり、「代替品」がたくさんあったりする場合にも収益が上げにくくなるでしょう。

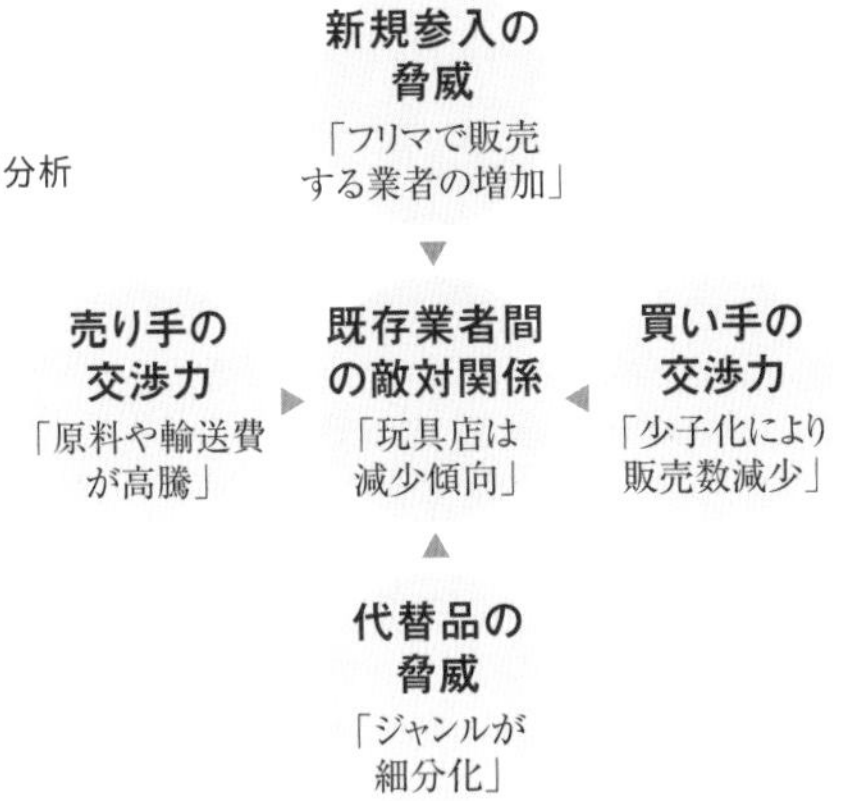

競争緩和や収益性向上には、どの要素を制御するべきかを検討!

競合に対し、自社の強みは?

VRIO

目的 経営資源と活用能力を分析
タイミング 自社の強みを把握する

自社の技術力、ブランド力などの経営資源から、競合他社への優位性を調べるVRIO。経済価値を表すVは、その経営資源によってチャンスをとらえ、脅威を排除できるかを意味します。Rは希少性で、その経営資源をもつ企業の多寡、Iは模倣困難性で、競合が該当の経営資源を備えようとした際のハードルの高さ、組織を意味するOは、体制を指します。自社の各経営資源について検討し、○△×などで強みや弱みを把握しましょう。

	V 経済価値	R 希少	I 模倣困難	O 組織
人材	○	△	○	×
技術力	△	○	○	×
購買	△	×	△	○
物流	○	○	△	×
販売	×	△	○	△
サービス	○	×	○	○
ブランド力	○	△	×	○

注力すべきは、“できること”

コントロール可能／不可能

目的 問題の整理
タイミング 効率化が必要なとき

名前の通り、自社の努力で解決できる事象と、できない事象をわけるフレームワークです。ビジネスパーソンのなかには、コントロールできない問題にまで長時間かけて対応している人がいますが、コントロール不可能な問題も検証の必要がないわけではありませんが、それよりもコントロール可能な問題に注力するほうが効率的に問題解決できます。身の周りの問題について、コントロールが可能か不可能かで分類してみましょう。

コントロール可能	コントロール不可能
調理器具の老朽化	仕入れ先の商社が倒産
オペレーションマニュアルがない	近隣に競合が出店
新規メニューの不足	

“自分”を知り、チームの結束を高める

ジョハリの窓

目的 組織力の向上
タイミング いつでも

ジョハリの窓は、チームメンバー間で相互理解を深め、組織力を高めるフレームワークです。使い方はシンプルで「自分が知っている･知らない」「他人が知っている・知らない」で表をつくり、自分が知っていることを自己開示しつつ、メンバーからフィードバックをもらって表を埋めていきます。この自己開示とフィードバックによって、相互理解が深まり、また自分の知らなかった自分を開発していくことができるのです。

	自分が知っている	自分が知らない
他人が知っている	**開放の窓** 自分も他人も知っている領域で、もっとも表に出ている一般的な自分。	**盲点の窓** 他人は知っているが、自分は未知の領域。フィードバックで、知ることができます。真摯に受け止めましょう。
他人が知らない	**秘密の窓** 自分は知っているが、他人には伝わっていない領域。自己開示すると、他人も気づいていないことがあります。	**未知の窓** 誰も知らない領域。「～ではないか」「～かもしれない」というフィードバックでわかることがあります。

リアルなビジネスではこう使う!

第3章

ビジネスフレームワーク活用シミュレーション

最後は、ここまでで紹介したフレームワークを実際に活用する様子をシミュレーションします。「知ってはいるけど、どうやって使えばいいのかわからない」という人も多いと思いますので、参考にしてみてください。

Business Frameworks

Case 01

経営企画室の新人が命じられた全社的なコスト削減提案

問題提起

実現可能なコスト削減計画の立案

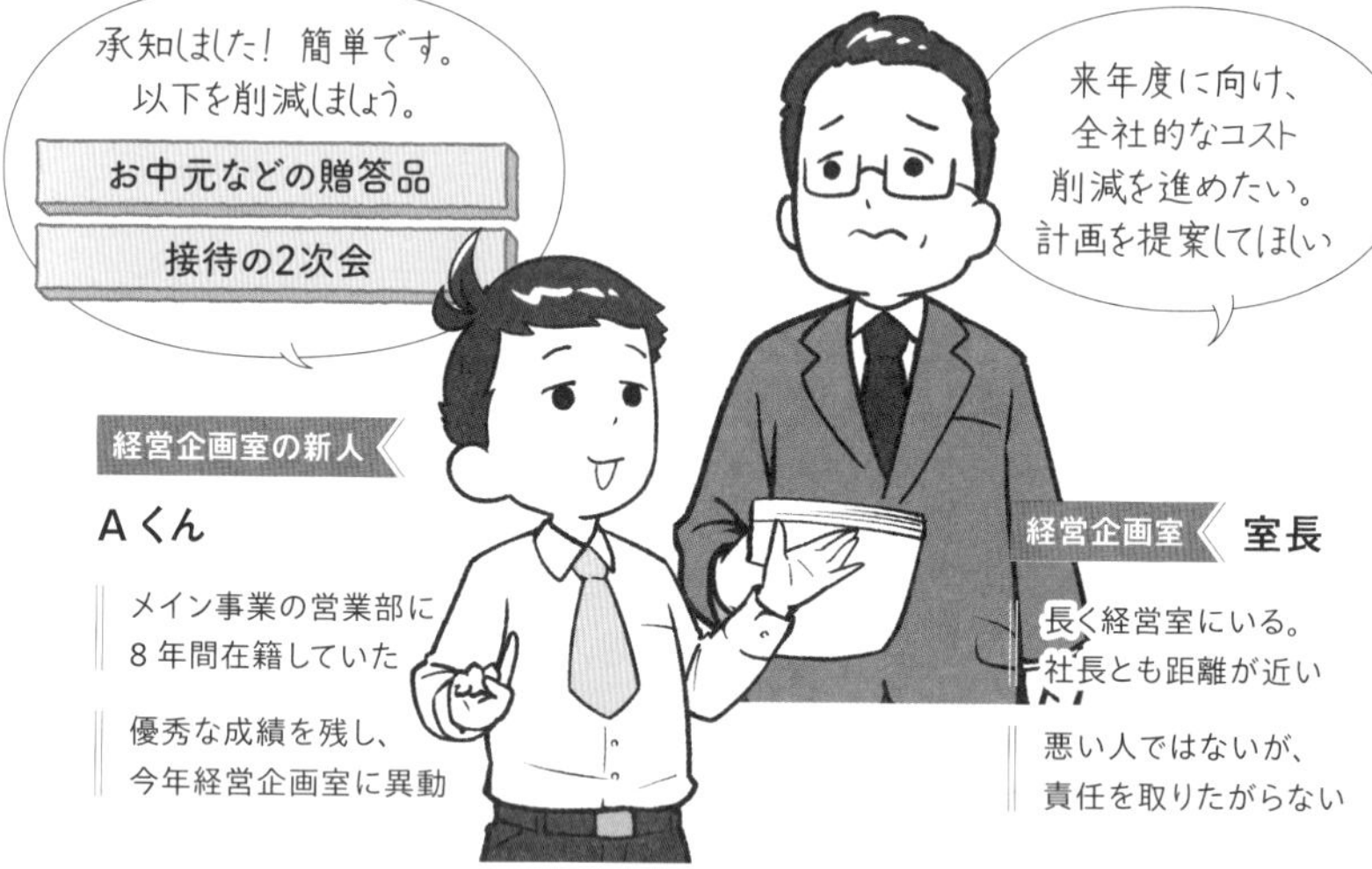
承知しました！ 簡単です。
以下を削減しましょう。
お中元などの贈答品
接待の2次会
来年度に向け、全社的なコスト削減を進めたい。計画を提案してほしい
経営企画室の新人
Aくん
メイン事業の営業部に8年間在籍していた
優秀な成績を残し、今年経営企画室に異動
経営企画室
室長
長く経営室にいる。社長とも距離が近い
悪い人ではないが、責任を取りたがらない

初めての全社的なコスト削減の戦略立案

Aくんは、営業部で優秀な結果を残し、今年、経営企画室に異動してきました。営業部ではチームリーダーでしたが、経営に関する経験はなく、現在は上司である室長の指示を受けながら、経営企画室の業務をこなしています。

経営企画室の仕事にも慣れてきたある日、Aくんに上司から全社的なコスト削減の計画立案の依頼がありました。「コスト削減」と聞いたAくんは1日考え、翌日に**「お中元などの贈答**

あのね、
冗談はいいから。
そういう話じゃなくて、
全体感のある計画を
考えてほしい
で、ですよね。
ハハハ。
（ぜんたいかん…ん??）
Mistake
具体的な削減方法ではなく、
全体感のある計画を立てる
コマッタ

品」「接待の2次会」などの廃止を提案。

しかし、上司はポカンとした様子。「あのね、そんな冗談はいいから、もっと全体感のある計画を立てて欲しいんだ！」と怒られてしまいました。

入社後、営業一筋のAくんにはよくわかりません。困ったAくんが同じ部署の先輩に相談すると「Aくんがいったような**具体的な施策じゃなくて、どういう流れで、なにをしていくか、みたいな計画のこと**じゃない？」とヒントをもらいました。

そこでAくんは、コスト削減の計画を立てます。

提案 01

すべての事業部で平等なコスト削減を計画!

各事業部で20%ずつコストを削減

事業部A

- この会社でメインとなる事業
- 売上2億円、部のコストは9,000万円

20%(1,800万円)削減

事業部B

- 現在大きく成長中の新事業
- 売上4,000万円、部のコストは6,000万円

20%(1,200万円)削減

事業部C

- 古い顧客がいるので続けているが、停止の噂も
- 売上6,000万円、部のコストは4,000万円

20%(800万円)削減

合計
3,800万円削減

経営企画室から各事業部に通達!

上の計画は実現可能性の低さでNG!

Aくんは翌日、**「すべての事業部でコストの20%を削減する計画」**を提案しました。これならば、すべての部署に平等な考え方であり、合計でなんと3800万円ものコストの削減ができます。

Aくんは自信をもって提案しますが、またしても上司の顔には怒りが。「Aくん、なにをいっているんだ! 事業によってコストの内容はまったくちがう。特に事業部Bの新規事業はコストがかかるんだから、**一律は不可**

- 新規事業は多くのコストがかかるため、すべての事業で平等に削減はできない！
- 勝手にコスト削減を決められた各事業部が反発する！
- 経営企画室が全責任を負う（各事業部から責められる）ことになるのは避けたい！

全然ダメ
じゃないか…

Mistake

計画のリスクや懸念点を踏まえて検討する

**まったく現実的でない計画で、
実現不可能!**

ヤメテ

能だ！　しかも、勝手に決めたら**各事業部が反発するに決まっているし、経営企画室が全責任を負うことになる**だろう。それは絶対に避けたい。この会社で仕事ができなくなってしまうよ」

上司からは「現実的で、実現可能な計画を考えてくれ」といわれたAくん。責任を逃れたい上司の態度には辟易としますが、実現のできる計画でないと確かに意味がないなと思い直します。悩んだAくんは、「タスクステップとリスク管理」（P32）という役立ちそうなフレームワークを思い出し、これを参考に再度、計画を練り直します。

提案 02

フレームワークを活用し、実行可能なコスト削減計画を立案

① 現状把握

- 事業ごとのコストの総額と内訳の確認
- コストの内訳で、重要度をランクづけ

リスク

各事業部にたずねても、自ら予算削減はしない

② 削減対象決定

- 項目のなかから重要度の低いものを削減
- 全社的なバランスをみて対象を決定

リスク

経営企画室が決めると各事業部との摩擦に!

対応策

各事業部長と経営層が議論する場を設定!（経営企画室は司会進行だけ）

フローからタスク、リスク、そして対策まで立案

Aくんは、「タスクステップとリスク管理」に従い、まずはフローを整理します。大まかに考えれば、①コストの内訳を現状把握し、②内訳のなかから削減する対象を決め、③実行という流れでしょう。

そして①〜③に必要なタスク、①なら「各事業部のコストの内訳確認」などを挙げます。①〜③のタスクを出したら、リスクを考えます。Aくんは、**①と②は、経営企画室が行うと事業部から反発を受け、③も経営**

③ 削減実行

- 決定した項目を実際に削減していく
- 各事業部の責任者に報告書の提出を求める

リスク

経営企画室が主導すると、
各事業部との摩擦に!

対応策

社長がコストの削減を
各事業に命じる形に!
（主導しているのはあくまで社長）

企画室の主導では、素直に取り組んでくれないというリスクを発見。

さらに、問題を見過ごせないAくんは、対策を考えることにしました。①と②は、**各事業部長と経営層との交渉**にすれば、経営企画室への反発は避けられます。大幅削減になった事業部は、社長にプレゼンをした事業部長が責められる形になるからです。③は、**社長に主導してもらえば**、各事業部も従うでしょう。

こうしてAくんは再提案。すると、「いいね！　やろう！」と上司は前向きに受け取ってくれ、実際に計画がスタートしました。

Business Frameworks

Case 02

どうしても売れる書籍をつくりたい！ 新人編集者の書籍づくり

問題提起

書籍のマーケティング戦略

- 企画書 -

- **簡単で体にいいお味噌汁**
  たった５分でつくれるうえに、医者も認めるほど体にいいお味噌汁のつくり方を紹介
- **高齢者向けのストレッチ**
  筋肉をつけるためではなく、現在の健康を維持するためのストレッチを掲載
- **ビジネスフレームワーク**
  問題解決やアイデア出しなど、ビジネスで役立つフレームワークを解説

なんかいいテーマないかな？
こんなテーマはどうでしょうか？
編集長
新人編集者
Bさん

ヒット作をねらう ビジネス系書籍の編集者

どうしても売れる書籍をつくりたい新人編集者のBさん。これまでビジネス書を主に制作してきましたが、売れていません。

あるとき、編集長から企画を求められたBくんは、**「味噌汁」「ストレッチ」「フレームワーク」というテーマの企画**を提案。

編集長は「味噌汁の書籍は昨年出したし、ストレッチ本は似た本が多い……。フレームワークは、よさそうだから詳しく考えてみてくれる？」とのこと。

Bさんはビジネスのニーズや

- 企画書② -

テーマ ビジネスフレームワーク

ターゲット

▶ 経営層のビジネスパーソン

内容

▶ 日常的な仕事のものから企業戦略の策定まで、数多くのフレームワークを“使える”ようになる

せっかくならフレーム
ワークを使って、売れる
書籍を考えてみてよ
Bさん
編集長
Mistake
ターゲットと内容の齟齬など、
売れるための戦略不足

類書を研究し、自分のつくりたい書籍をイメージして、ターゲットや内容を考えます。難しそうなテーマなので、**ターゲットを経営層**にして、内容は日常的な仕事から戦略の策定まで、数多くのフレームワークを〝使える〟ようになる書籍を考えました。

編集長に提案すると、「**ターゲットと内容が合ってないし、無理がある**よ。経営層なら、ある程度は知っているだろうし、たくさん掲載したら、概要しか紹介できない。これじゃダメだよ。せっかくならフレームワークを使って考えてみたら?」といわれました。

検討 01

STPでターゲットや類書にない特徴を考え、4Pでマーケティングの方向性を導く

S egmentation

まずは、ビジネスパーソンの区分け

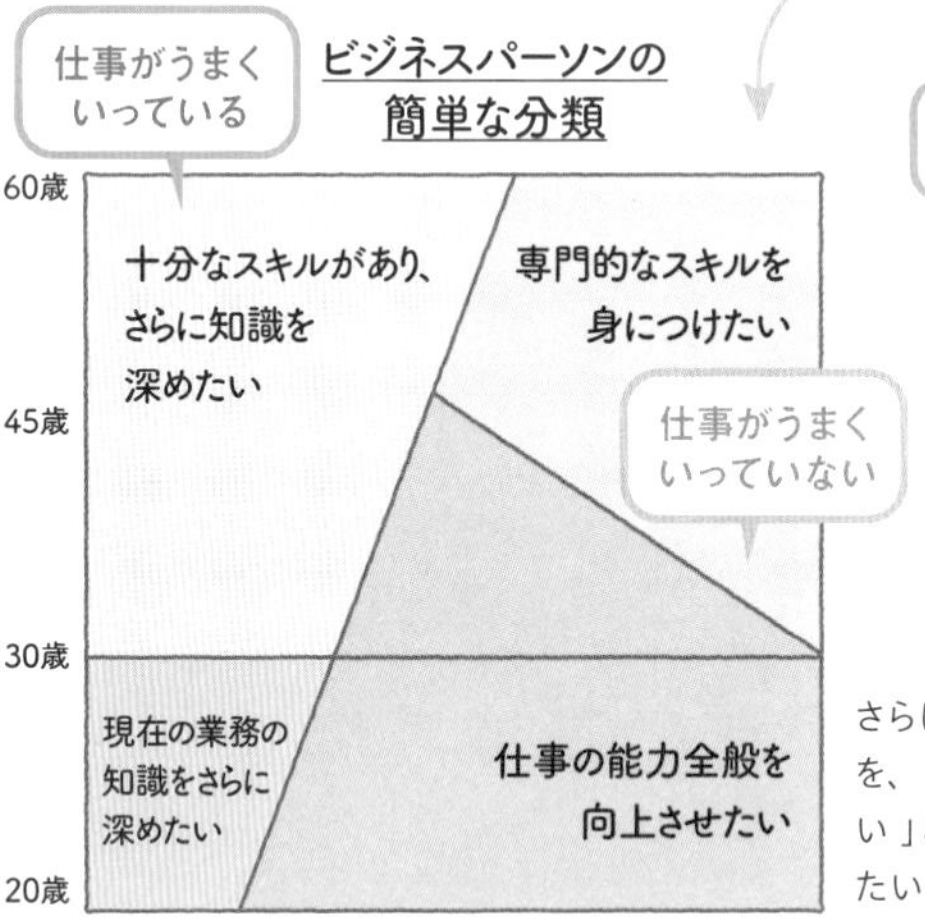

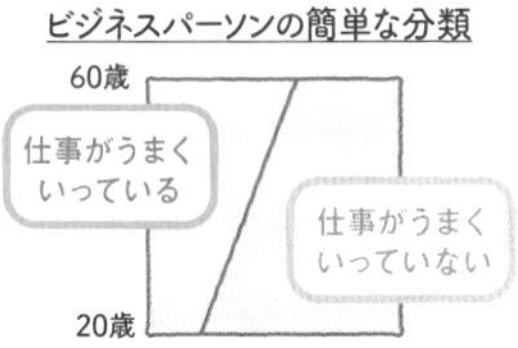

ビジネスパーソンを「仕事がうまくいっている」「仕事がうまくいっていない」に分割します。

さらに「仕事がうまくいっていない」を、「専門的なスキルを身につけたい」と「仕事の能力全般を向上させたい」の２つに分割。

フレームワークを使い フレームワーク本を考える

フレームワークの書籍を考え直すことになったBさん。フレームワークについてリサーチするなかで「STP」と「4P」というマーケティングに使うフレームワークの存在を知ります。編集長の言葉通り、フレームワークを使って、概要を考えることにします。

まずはSegmentation。ビジネスパーソンの市場を考えます。ビジネス書を買う人＝仕事で困ったことがある人と考え、仕事が「うまくいっている」「う

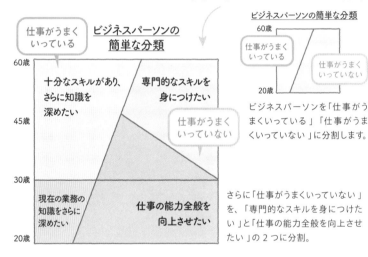

Targeting

書籍がねらうべき、ターゲットを考える

ビジネスパーソンの簡単な分類

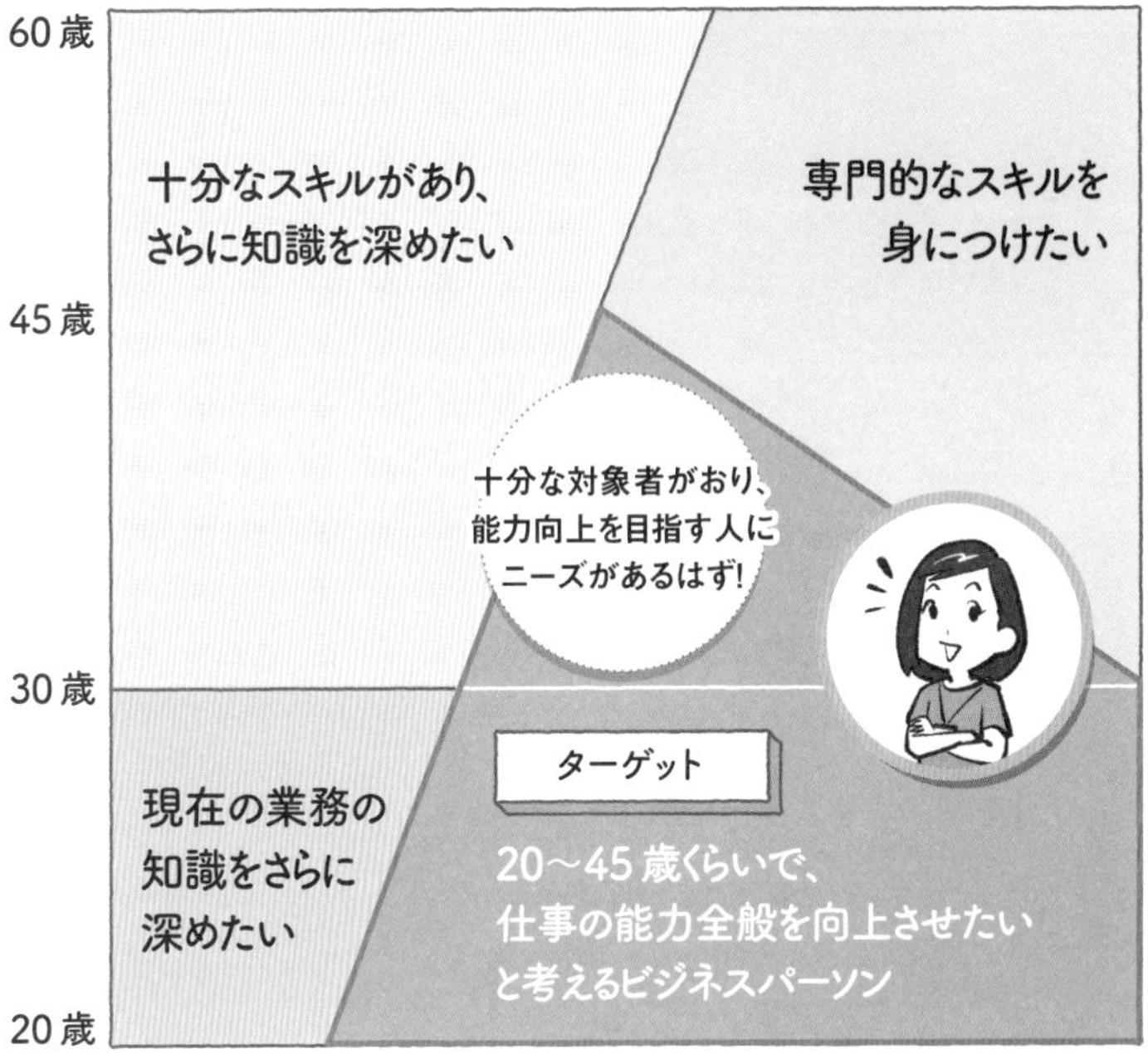

まくいっていない」にわけ、さらに「うまくいっていない」でも、年齢が上がれば、仕事全般のスキル向上ではなく、「専門的なスキルを身につける」と考えると判断し、年齢によって分割します。

次がTargetingです。ポイントは、「将来を含めた市場規模」「測定と到達が可能であること」ですが、この書籍はあまり先まで考える必要はなく、測定と到達は可能です。と、なるとターゲットは、もっとも大きな「20～45歳で、仕事の能力全般を向上させたいと考えるビジネスパーソン」。Bくんはここに決めました。

Positioning

ターゲットへ向け、優位性を発揮するポイント

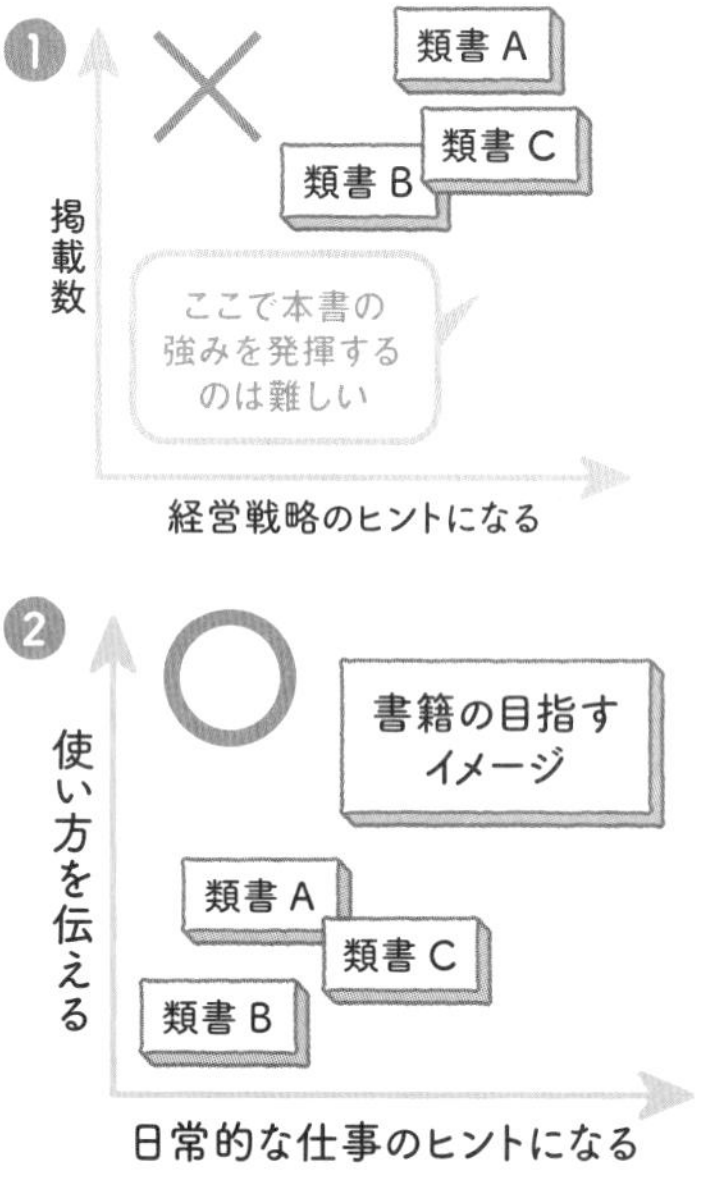

類書の研究をすると、「使い方を伝える」「日常的な仕事のヒントになる」を強みにした書籍は少ないことが判明。

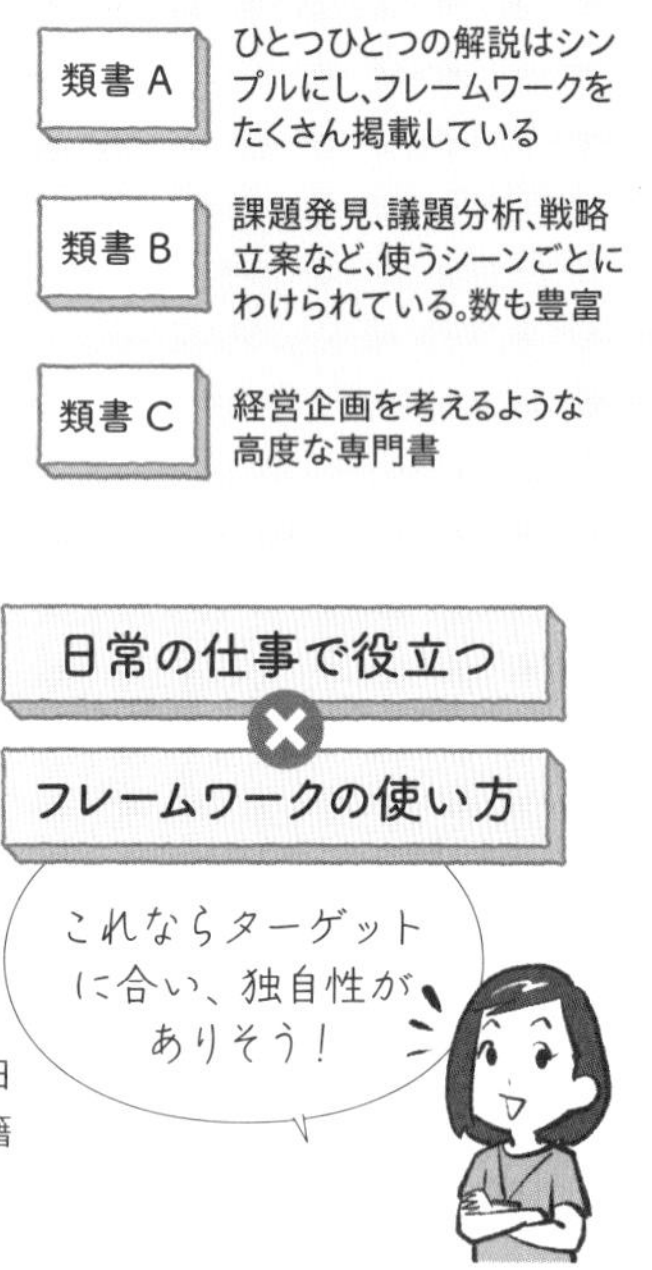

類書A
ひとつひとつの解説はシンプルにし、フレームワークをたくさん掲載している
類書B
課題発見、議題分析、戦略立案など、使うシーンごとにわけられている。数も豊富
類書C
経営企画を考えるような高度な専門書
日常の仕事で役立つ
×
フレームワークの使い方
これならターゲットに合い、独自性がありそう！

フレームワークを活用し本書が完成

STPの最後はPositioning。ターゲットに向けて、自社の強みを探すために行いますが、書籍の競合は類書なので、書籍の強みを考えます。

Positioningでマトリクスをつくる際の軸になる「強み」を、Bさんは当初の考えであった「掲載数」と「経営戦略のヒントになる」にしました（❶）。こうした書籍は多く、割り込むのは難しそうです。そこで、そんな強みとは反対に、数を絞って**「使い方を伝える」**、ま

4P

具体的なマーケティングの施策を考える

Ⓟroduct

日常の仕事で役立ち、フレームワークが使えるようになる書籍

Ⓟrice

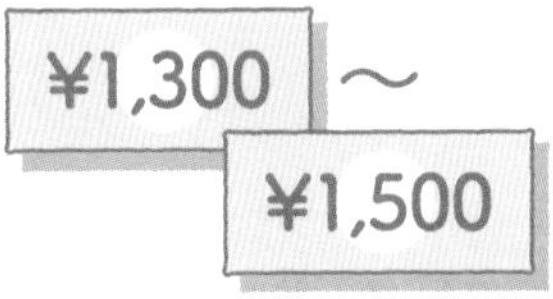

ビジネスパーソン向けなので若者向けより高く、専門書よりも安い

Ⓟlace

多くのビジネスが集まるエリアの書店などへ流通

Ⓟromotion

平積みなどをして、目につくように展開。また、ネットを使って告知

た**「日常的な仕事のヒントになる」を軸にすると（❷）、チャンスがある**とわかりました。

最後は4Pです。ターゲットは「20～45歳で、仕事の能力全般を向上させたいビジネスパーソン」で、書籍の強みは「使い方を伝える」「日常的な仕事のヒントになる」、これで製品、価格、流通、販促は決まります（上記参照）。

Bさんは STPと4Pを駆使したマーケティング戦略を交え、編集長に提案。企画は通り、無事に完成。本書『サクッとわかるビジネス教養 ビジネスフレームワーク』が生まれたのです。

Business Frameworks

Case 03

どれに力を入れ、どれをあきらめる!?
6つの事業を行う大企業の戦略

問題提起

複数の事業を行う企業の経営資源配分の戦略

事業A

IT事業。大手企業向けの大規模システムを構築している

事業B

新規事業として取り組んでいるフードデリバリー事業。苦戦中

事業C

クレジットカードによる支払いや決済を運営する金融事業

事業D

EC事業。主に家具やインテリアのインターネット販売を行う

事業E

建設事業より少しあとに開始したオフィス家具のレンタル事業

事業F

祖業である建設事業。売上は大きいが、利益は少なく、伸び悩んでいる

どうするべきか、
検討してみてくれ

どう考えればいいのかわからないBCG-PPM

6つの事業に取り組む大企業に勤めるCくん。営業部から異動し、今年で経営企画室に在籍して5年目です。丁寧な仕事ぶりで、上司から高く評価されています。あるとき室長室に呼び出されたCくんは、室長からこんなことを言われました。

「Cくんは優秀だと聞いているよ。先ほど経営戦略会議で使うBCG-PPMの資料をコンサルタントから受け取ったんだ。これから考えられる戦略をCくんなりに考えてみてくれないか」

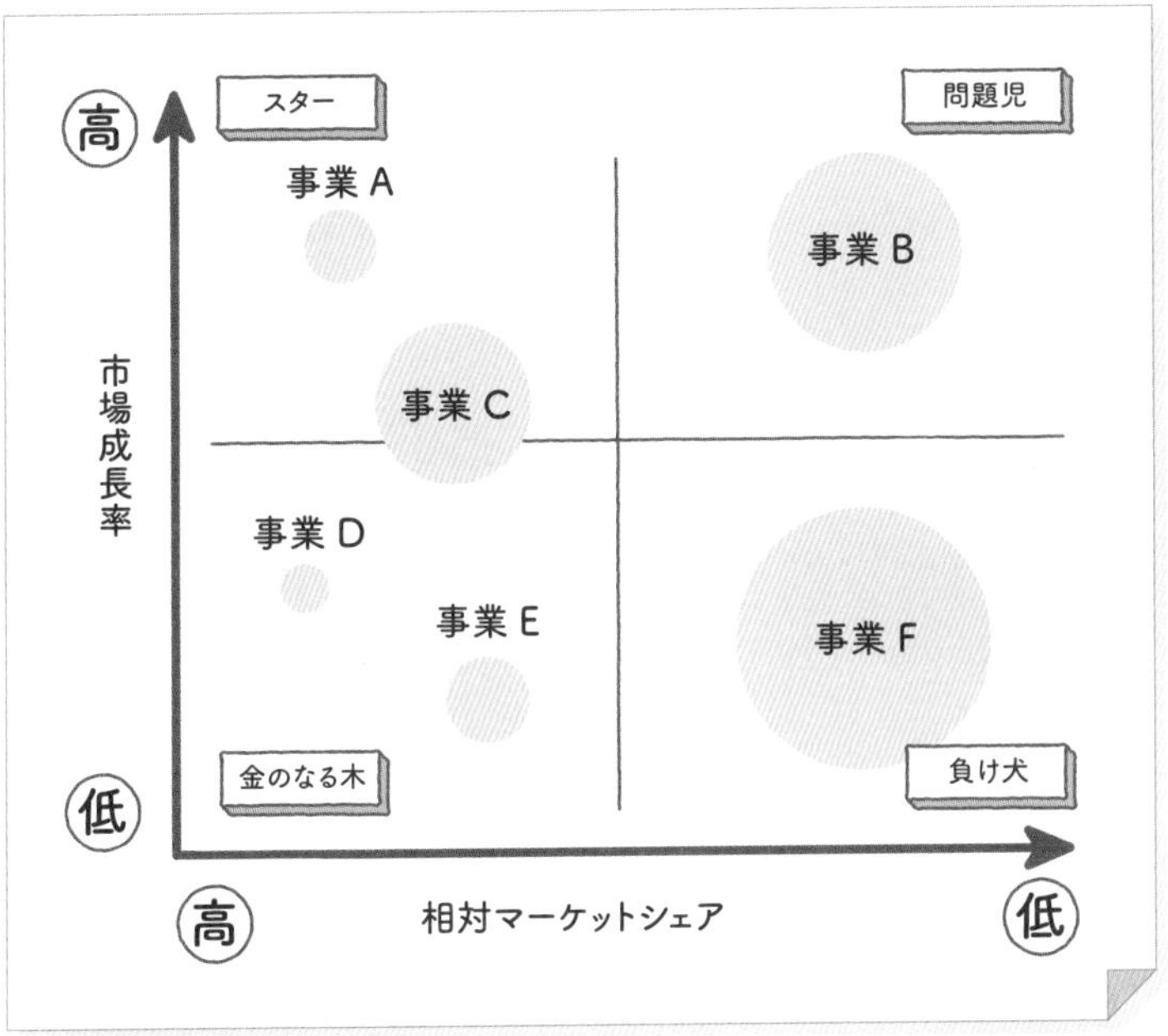

Mistake

アンゾフのマトリクスの基本的な考え方がわからない

Cくんは知識としてBCG－PPMを知っていましたが、実際に使うのは初めてで、どう考えればいいのかわかりません。

「…**『金のなる木』を『スター』になるように育てるべきでしょうか。Fも『負け犬』ですが、売上が大きい**し…」

「おいおい、『金のなる木』から『スター』!? 事業サイクルとして無理だろう。経営企画室なら経営についてもっと勉強しないとダメだ。次の経営戦略会議に出て、コンサルタントの話を一緒に聞きなさい」

しょんぼりしながらCくんは室長室をあとにしました。

提案 01

コンサルタントが教える BCG-PPMで考える事業整理の方向性

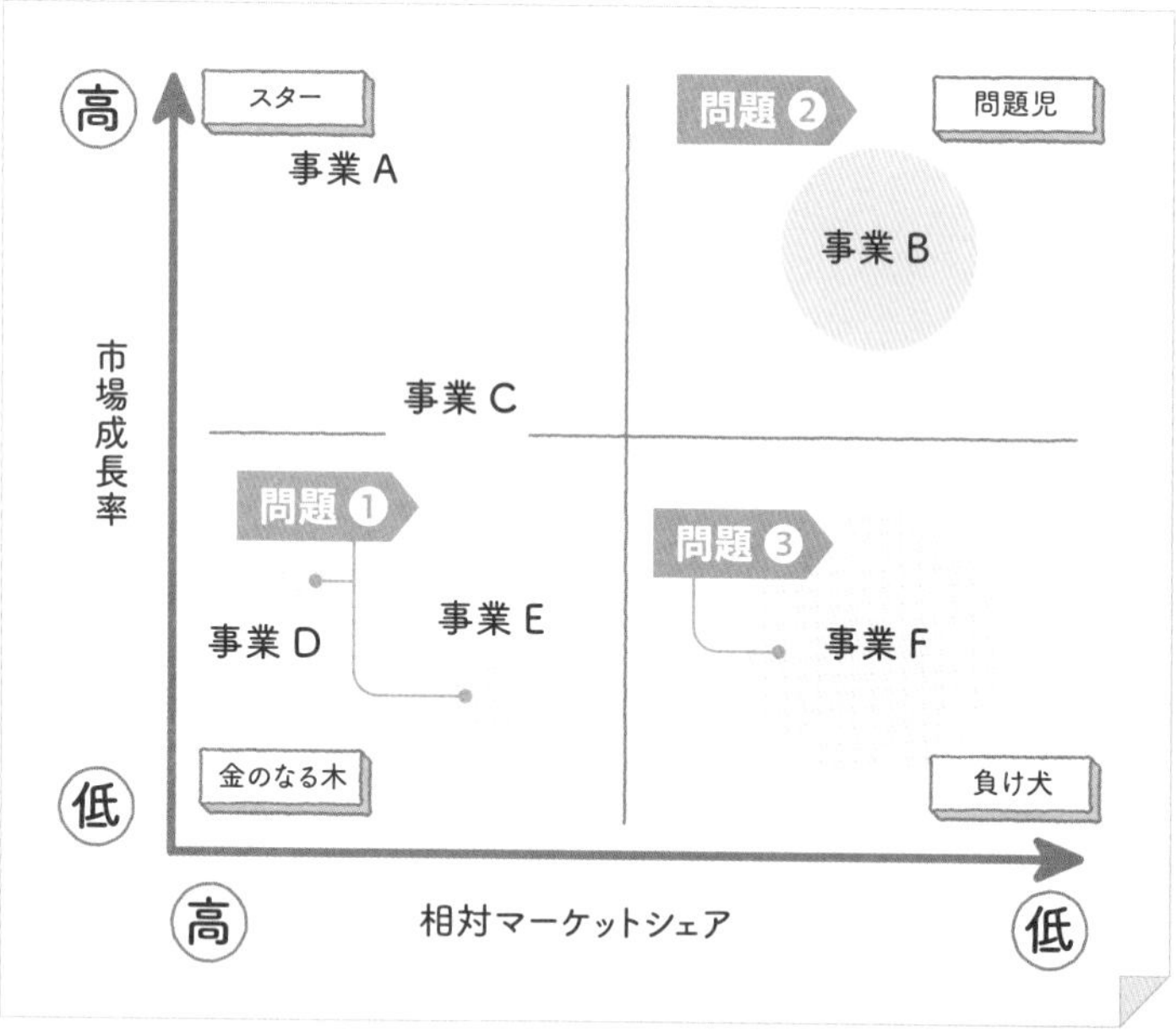

経営戦略のプロによる BCG-PPMの分析①

Cくんが参加する経営戦略会議には、Mさんというコンサルタントが出席しています。できるビジネスパーソンの雰囲気です。早速BCG-PPMを使った事業戦略の話がはじまります。

「先日BCG-PPMの分析表を共有しました。私は問題点が3つあると感じています。

1つめは、**『金のなる木』にある事業DとEの売上の少なさ**です。これではほかの事業に経営資源を回すことができません。

2つめは**『問題児』の事業の**

問題①

「金のなる木」になる事業が弱い。いわば、スネの細い親

「金のなる木」の象限にある事業Ｄと事業Ｅの売上が小さいので、これではほかの事業へ経営資源を回す余裕が生まれません。

問題②

各事業規模に対し、新規事業が事業Bの1つでは少ない

事業の創業期は、経営資源を消費するのでマイナスな面もありますが、長期的には新規事業がないと、企業として成長が止まります。

問題③

事業Ｆの売上は大きいが利益が少ないため、大きなプラスにはならない

事業Ｆは売上が大きいため、本来ならば残したいのですが、利益があまりにも少ないためなんらかの対応が必要。

▼

解決の方向性

- **まずは「金のなる木」の事業を育て、“リッチな親”を確保する**
- **リッチな親から得た資金で、未来のために新規事業（問題児）をつくる**

数、つまり新規事業が少ないこと。この象限の事業は、短期的には経営資源が必要ですが、このままでは『スター』の事業が生まれません。長期的には問題になる可能性が高いでしょう。

3つめが事業Ｆ。**売上はもっとも大きいですが、『負け犬』の象限で利益は少ない**ようです。『金のなる木』が大きいなら、まだいいかもしれませんが、この状態では問題があります。以上が問題点です。次は対応策の案をお話しします」

初めてコンサルタントのBCG-PMの考え方を聞いたCくんは聞き入ってしまいました。

提案 02

プロのコンサルタントが教える BCG-PPMで目指すべき各事業の展開

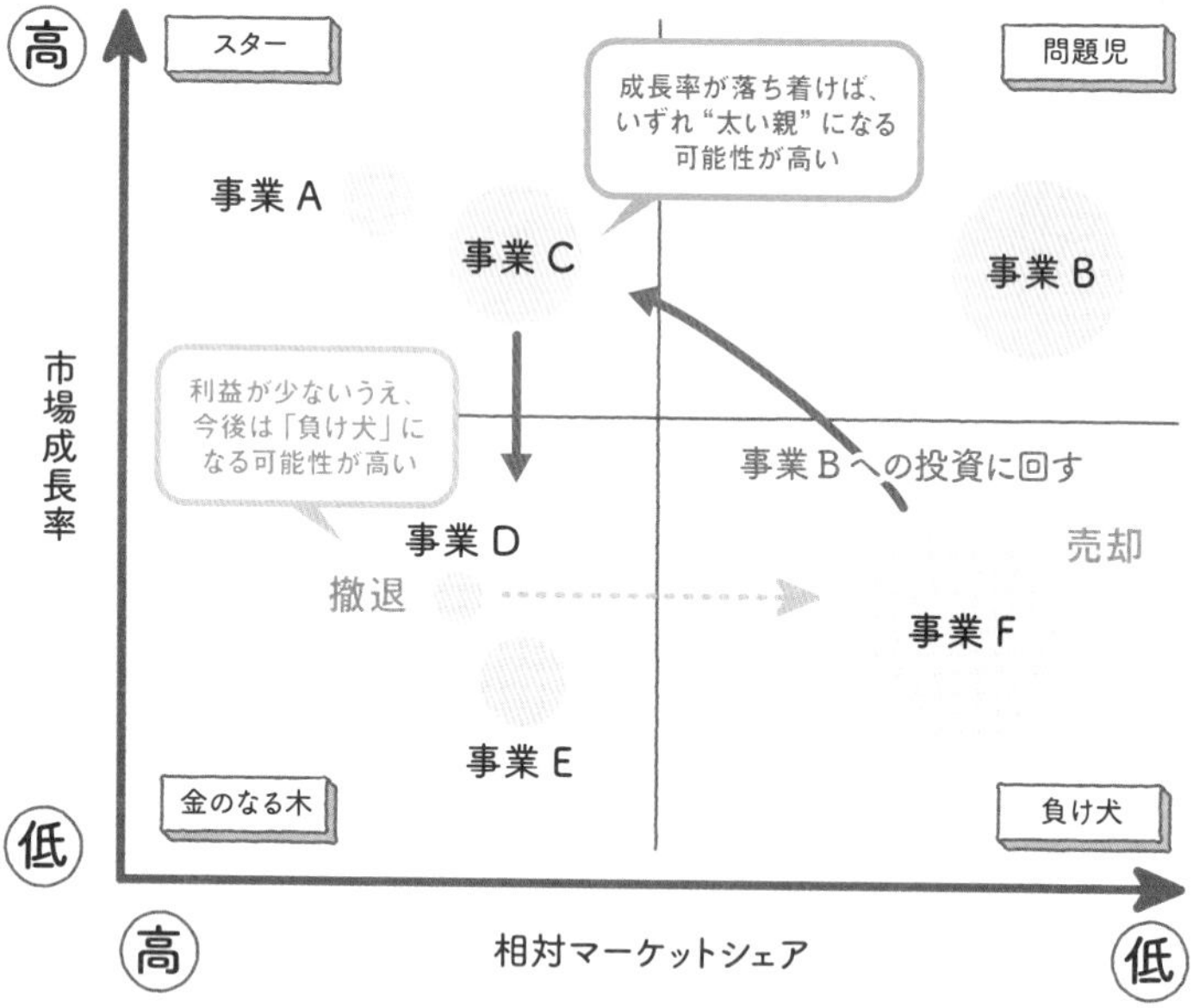

経営戦略のプロによるBCG-PPMの分析②

コンサルタントは続けます。

「対応策として、まず事業DとEは、事業サイクルから、今後『負け犬』に移る可能性が高いので、**事業Dを撤退**します。事業Eも売却すると「金のなる木」がなくなるので、こちらは残します。

次に、事業Fは、売上が大きいとはいえ利益が少ないので、売却を勧めます。**売却で得た利益を事業Cに投資し、『金のなる木』を目指しましょう**。

なぜ投資がもっとも必要な事業Bではないかというと、この

事業整理のポイント

- **事業 D は将来性が低いため撤退**
- **事業 F を売却して得たお金を事業 C に投資して育て、資金を確保する**
- **資金が確保できたら、「問題児」象限の新規事業を増やす**

後日談…

反対！
反対！
祖業の売却
なんて反対！
反対！
事業Fの売却を
……取り下げます

ままでは、事業全体で経営資源の確保が難しいと考えられるからです。まずは事業Cへ投資し、しっかりと**経営資源を得てから、事業Bへ投資したり、新規事業を増やしたり**といったことをしていくべきだと思います。以上が対応策になります」

こうして、フレームワークを使った説得力のある分析を聞いたCくん。感動し、フレームワークを学びはじめました。

後日、社長が役員会でコンサルタントの提案をしたそうですが、事業Fは祖業であるため役員全員から猛反対にあい、なにも変わらなかったとか…。

特別編

映画「八甲田山」に学ぶ ステークホルダーマネジメント

問題提起

プロジェクト達成のために必要な 上司や部下のマネジメント

雪の八甲田を
歩いてみたいと
思わないか

神田大尉

士官学校卒ではない生え抜きで部下に慕われている。

出身校の劣等感があり、細心の注意を払う慎重な性格。

今年大尉に昇進。上官には従順で着実にこなす実務派。

徳島大尉

過去には、雪山の任務の経験がある。

必要があれば上官に提言を行うなど、一目置かれている。

いいものを取り入れる柔軟さがあり、隊の運営能力は高い。

2人の大尉から学ぶ リーダーのマネジメント術

最後は特別編としてビジネスから少し離れ、1977年の映画『八甲田山』からリーダーに必要な「ステークホルダーマネジメント」を学びます。

寒冷地の訓練として八甲田山で雪中行軍演習を行うことになった徳島大尉と神田大尉。2人は部隊を率い、異なるルートで演習を行う指揮官です。ある日、神田大尉は、雪中行軍経験者である徳島大尉を訪ね、助言を求めました。神田大尉に好感をもった**徳島大尉は「軍靴より**

2人の大尉の談義
雪山を歩くためには工夫が必要なんだ……
神田大尉の予行演習
意外と冷たい空気が気持ちいいですね
徳島大尉の提言
中止か変更できないなら、全権をください
神田大尉の提言
…不安だからおれもいく!
あのですね…

も地元民の雪沓《ゆきぐつ》」「軽装備で小隊編成」「山への予行演習」などのアドバイスを伝えます。助言を受け、神田大尉は、部隊とともに好天時の山で予行演習を行いました。

その後、神田大尉は徳島大尉の助言を反映した計画書を上官に提出。しかし、内容に不満をもった上官に「210名の編成」「上官も参加」といった条件を押し切られてしまいます。

一方、徳島大尉は上官に対し、「演習の中止、もしくは変更、それができないなら自分に全権委任」と交渉し、上官の許可を得ました。

行軍実施

二人の大尉が見せた対照的な行軍マネジメント

もうどうしていいか
わからない

神田大尉の

マネジメント

- 部下に有効な指示をするものの、目が行き届かず徹底できない
- 予行演習が逆効果になり、部下に雪中行軍を勘違いさせてしまう
- 本来は指示をするべきでない役割の上官が意見をする

2人の大尉の対照的なマネジメント

いよいよ雪中行軍演習を開始。神田大尉は助言に従い、部隊へ「軽装備にする」「食料3日分持参」「雪沓《ゆきぐつ》を履き凍傷防止に油紙を入れる」などの命令をしていましたが、部下は取り組まず、また、好天時に事前予行演習を行った影響で小旅行のようにとらえる者も多かったのです。

初日から天候が悪化し、慣れない雪中行軍に部隊は乱れます。また口出ししない約束だった上官の指示がはじまり、さらに混乱。**夜には指揮系統が乱れ、進**

不調があればすぐに報告するように！

徳島大尉の
マネジメント

- 人数をしぼり、部下に対して自らの指示を徹底させる
- 行軍中もトライ＆エラーを行い、常に最適化を行う
- 指揮系統を明確にし、上官から指示をされない状態をつくる

むことも戻る決定もできず、遭難してしまいます。

一方の徳島大尉の部隊は、徳島大尉自ら面接を実施し、わずか38名に厳選し、1人1人に装備や進軍に関する任務をあたえます。雪中行軍中も、凍傷の即時報告や食料凍結の確認、体を温めるための飲酒の禁止、吹雪で前に進めなくても足踏みをするなどの**決まりを徹底**。また、数人に異なる取り組みをさせて検証し、有効なら採用するなど、臨機応変なリーダーシップを行います。その結果、**全員無事に帰還することができた**のです。

ステークホルダーマネジメント

2人の大尉と上司・部下の関係

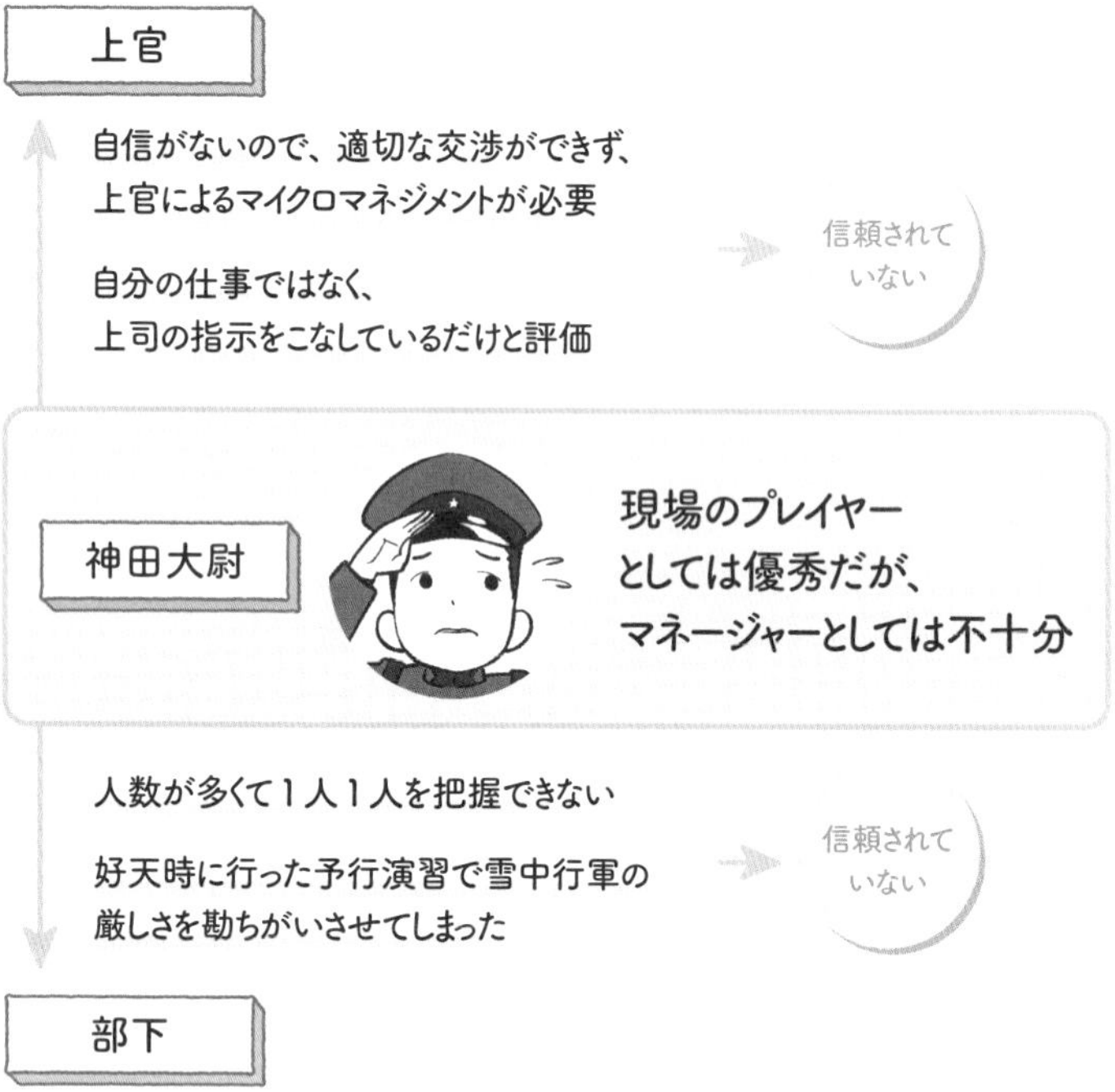

上官
自信がないので、適切な交渉ができず、上官によるマイクロマネジメントが必要
自分の仕事ではなく、上司の指示をこなしているだけと評価
信頼されていない
神田大尉
現場のプレイヤーとしては優秀だが、マネージャーとしては不十分
人数が多くて1人1人を把握できない
好天時に行った予行演習で雪中行軍の厳しさを勘ちがいさせてしまった
信頼されていない
部下

成功の秘訣は上司と部下の信頼を得ること

神田大尉と徳島大尉の上官や部下へのステークホルダーマネジメントを考えてみます。

まず、神田大尉は上官に対して明確に意見を伝えられず信頼を得られていません。その結果、上官のマイクロマネジメントを受けることになり、雪中行軍演習では混乱を招いています。上官からすると、「自分の仕事ではなく、**上からの指示をこなしている」と評価された**のでしょう。

また、部下も、神田大尉の指示をあまり聞きません。人数が多

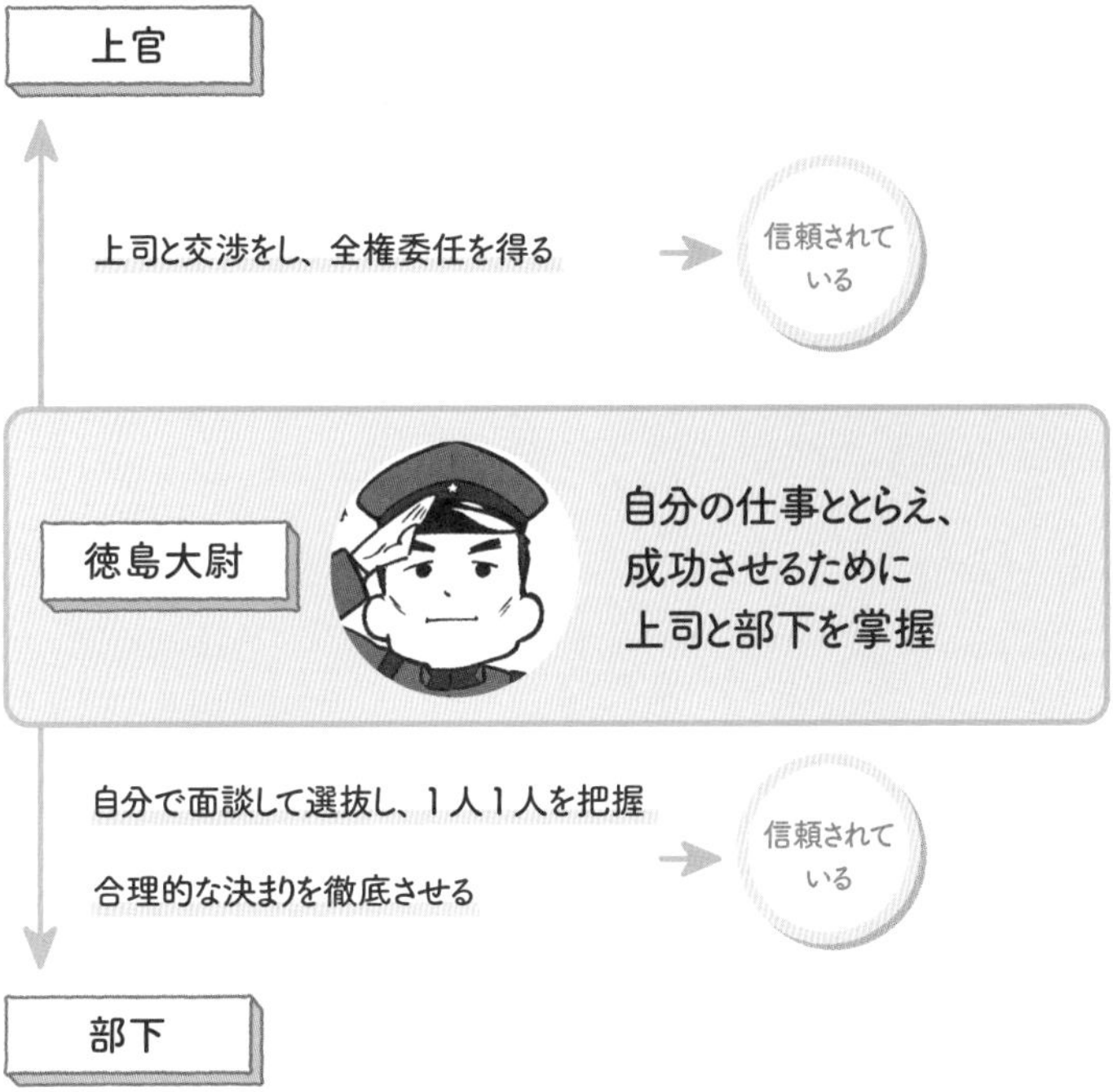

上官
上司と交渉をし、全権委任を得る
信頼されている
徳島大尉
自分の仕事ととらえ、
成功させるために
上司と部下を掌握
自分で面談して選抜し、1人1人を把握
合理的な決まりを徹底させる
信頼されている
部下

すぎたせいで、神田大尉は1人1人を把握できなかったのです。さらに、好天時に予行演習をして、勘違いさせてしまったこともあり、**部下も神田大尉を信頼していなかった**と考えられます。

　徳島大尉は、上司と交渉をして全権委任を申し出るなど、**自分の仕事としてとらえていることが伝わり、信頼されています。**部下に対しても、面談で自らの言葉で語り、また常に合理的な決まりを徹底することで、部下からの信頼も得ています。

　プロジェクトを成功させるには、まずは、**上司や部下からの信頼を得ることが重要**なのです。

COLUMN

7

企業が採る基本的な競争戦略②

コトラーの競争上の４つの地位

COLUMN 6（P106）に続き、競合企業と競争するための基本的な戦略を紹介します。

▶ 企業を4つに分類し、特徴に合った戦略を考える

「コトラーの競争上の４つの地位」によると、企業は「リーダー」「チャンレジャー」「ニッチャー」「フォロワー」に分類でき、それぞれに合った戦略があります。ここでいうリーダーは業界でシェアが１位の企業、チャレンジャーは２位以下であり、かつリーダーのシェアをうばうチャレンジ精神のある企業。ニッチャーは、リーダーが進出できない独自領域のある企業で、フォロワーは、チャンレンジ精神も独自領域もない企業です（左図参照）。それぞれの地位の戦略をみてみましょう。

▶ リーダー

シェアが１位の企業が目指す方向としては、「市場そのものの拡大」「さらなるシェア拡大」の２つがありますが、現在の成熟期から衰退期を迎えている国内市場では「市場そのものの拡大」は現実的ではないため、「さらなるシェア拡大」が中心になります。「さらなるシェア拡大」を果たすには、いくつかの方法が考えられますが、２位以下の企業が仕掛けてきた差別化の戦略を模倣することで、シェアを維持･拡大できるでしょう。

▶ チャンレジャー

チャレンジャーが行うべき戦略は、P107 で紹介した差別化が重要になります。ただし、前述のように差別化はかなり困難であり、特に成熟市場では、市場に提供されるほとんどの商品が同様に優れているため、優位差をつけるのは難しいのです。

▶ ニッチャー

ニッチャーにとって重要なのは、業界1位の企業が進出しづらい、つまり魅力を感じにくい領域でビジネスを行うこと。具体的にいえば、成長が緩やかで、規模がそれほど大きくない市場で、高い収益性を確保することを目指す戦略でしょう。

▶ フォロワー

特徴がないフォロワーの戦略としては、リーダーやチャンレンジャーの市場で、いわゆる「廉価版」をつくることです。収益性が低いのでリーダーは進出できず、模倣と改良によって研究開発費をおさえれば、フォロワーも成長できるのです。

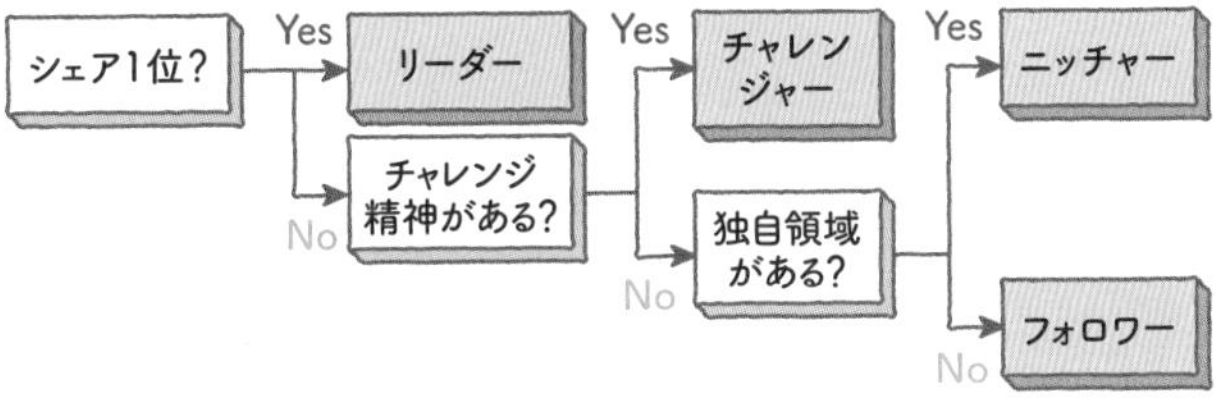

BUSINESS FRAMEWORKS

ビジネスフレームワーク用語解説 & INDEX

本書の最後に、ここまでで登場したビジネスフレームワークや、
少し難しい言葉をまとめた索引です。
わからない言葉が出てきたら、ぜひ、探してみてください。

英字

AARRR

P110

商品の成長を5つの段階にわけて目標を決め、検証・改善をするフレームワーク

AIDMA分析

P110

購買プロセスを認知、関心、欲求、記憶、行動にわけて可視化するフレームワーク

As is/To be

P25　P67　P68

現状とあるべき姿を明確にして、その間にあるギャップを考えるフレームワーク

数字

3C

P18　P25　P83　P84

顧客・市場、自社、競合という3つの視点から、成功要因の変化を考えるフレームワーク

4P

P25　P49　P62　P132

商品、価格、流通、販促の4つの具体的なマーケティング施策を考えるフレームワーク

5Fs分析

P87　P121

「新規参入の脅威」など、5つの視点で業界の競争や収益性の高さを考えるフレームワーク

MECE

P43　P45　P47

P54　P57　P72

漏れなく、重なりなくという意味。ロジックツリーなどで情報を分解していく際の基本

OARR

P119

目標、議題、役割、規則という打ち合わせで重要なポイントをまとめたフレームワーク

PDCA

P117

計画、実行、検証、改善を繰り返して、継続的に業務改善をするフレームワーク

PEST

P19　P23　P25

P83　P87　P88

政治、経済、社会、技術の視点でマクロ環境を分析するフレームワーク。業界の未来を考える

PM理論

P115

メンバーの目標達成機能と集団維持機能を整理し、育成方針の検討などを行うフレームワーク

BCG-PPM

P23　P25　P83

P100　P136

複数の事業を行う企業が、経営資源の分配を検討する際に使うフレームワーク

ECRS

P114

既存のアイデアを、排除、結合、交換、簡素化し、改善案を考えるフレームワーク

GROWモデル

P117

対話で相手の意思を引き出して成長を支援するフレームワーク。主にコーチングで使用する

KPI

P110

業績を評価し管理するための定量的な指標

KPT

P118

タスクを振り返り、継続、改善点、挑戦にまとめることで、業務改善をするフレームワーク

Segmentation

P54　P56　P132

STPのS。マーケティングの戦略を考えるなかで、市場を適切に区分していくこと

SMART

P15　P25　P67　P74

誰でも正確に理解できる目標を設定するための要点をまとめたフレーム ワーク

STP

P49　P54　P132

マーケティングを検討するなかで、戦略の立案と実行をになうフレームワーク

SUCCESs

P113

単純性、意外性、具体性、具体性など、アイデアを評価する視点をまとめたフレームワーク

SWOT

P15　P25　P49
P50　P87

外部環境と内部環境のよい面と悪い面を挙げ、自社の強みをいかせる市場を探すフレームワーク

Positioning

P55　P60　P134

STPのP。ターゲットに向け、競合と比較し、自社が有利なポジションを探す

PRAM

P119

計画、関係構築、合意形成、関係維持により顧客と良好な関係性をつくるフレームワーク

QCD

P118

品質を高めてコストをおさえ、納期を守ることで顧客満足度を高める生産管理の基本となるフレームワーク

RFM分析

P109

顧客を最終購入日、購入頻度、購入全額で評価し、最適な戦略を考えるフレームワーク

SCAMPER

P114

既存のアイデアを、代用、組み合わせなどの視点で見直し、アイデアを生むフレームワーク

打ち合わせ目的キューブ

P14　P25　P37　P38

打ち合わせや会議が脱線しないよう、その目的を明確にしておくためのフレームワーク

か行

解釈

P16　P19　P36

本書の解釈とは、フレームワークで情報整理をしたあと、ビジネスの成長に寄与するなんらかのヒントを得ること

カスタマージャーニーマップ

P109

顧客が自社商品と接点をもち、購入するまでのプロセスまとめたフレームワーク

競合比較

P87

現状分析の1つで、自社と競合を比べて、自社の優位性や劣位性を導くこと

Targeting

P55　P58　P133

STPのT。Sで区分した市場のなかから、ねらうべきターゲットを考えるフレームワーク

VRIO

P121

自社の技術力やブランド力などの経営資源から競合への優位性を確認するフレームワーク

WBS

P25　P67　P68

現状とゴールのギャップをうめるフレームワーク。本書ではAs is／To beとともに紹介

Will-Skillマネジメント

P116

メンバーの意欲と能力から、育成手法を検討するフレームワーク

あ行

アンゾフのマトリクス

P15　P19　P25
P83　P96

自社の商品と市場について、どちらを新しくするのか、しないのかを検討するフレームワーク

コントロール可能／不可能

P122

自社の企業努力によって改善できる事象と、できない事象を明確にわけるフレームワーク

さ行

市場成長率

P101　P102　P104

ある市場における成長の度合い。高いと魅力的な市場で投資が必要、低いと魅力は少ないが投資もあまり必要ないということ

市場分析

P87

現状分析の1つで、自社が成長していくために市場を分析すること

シナリオグラフ

P112

誰が、いつ、どこで、なにをというストーリーを考えることで、新しいアイデアを発想するフレームワーク

自社分析

P87

現状分析の1つ。競合分析と合わせて競合比較分析を行う

競合分析

P87

現状分析の1つで、競合を分析すること。自社分析と合わせて競合比較を行う

業界環境

P87

現状分析の一部である市場分析の1つ。現在の自社市場における利益の出しやすさを考える

クロスSWOT

P53

SWOTのあとに、マーケティングにおける取り組みや戦略を考えるフレームワーク

経営戦略

P25　P82　P134　P136

企業や事業が目的を達するため、競争優位を確立するために構築された大局的な方針

形態分析法

P111

テーマに対して影響力のある変数を設定し、変数の要素を考えることで、アイデアの発想をするフレームワーク

タスク優先度マトリクス

P25　P67　P78

重要度と難易度から、プロジェクトに関わる各タスクの優先順位を考えるフレームワーク

超基本
ビジネスコミュニケーション

P25　P27　P28

ビジネスでは、コミュニケーションの出発点は常に相手だというコミュニケーションの前提となるフレームワーク

洞察

P21　P36　P48

P66　P84

本書でいう洞察とは、フレームワークで整理した情報から、有効な解釈を行うこと

は行

バリューチェーン

P25　P83　P92

自社と競合企業におけるビジネス活動を比べ、強みや弱みを把握するフレームワーク

ジョハリの窓

P122

自分について、自分と他人が知っていることと知らないことを挙げ、メンバーの相互理解を深めるフレームワーク

ステークホルダー分析

P116

株主や経営者、従業員、顧客、などの企業に関わる利害関係者の影響度と関心度を可視化するフレームワーク

相対マーケットシェア

P23　P100　P101

P102　P104　P137

高いと利益を出しやすく、他事業へ投資する原資を得やすく、低いと利益を出しにくいので投資の原資を得にくいということ

た行

タスクステップとリスク管理

P14　P25　P27

P32　P128

ある業務のフローやタスクを考え、また、各フローのリスクまで把握するフレームワーク

フレームワーク

P10　P12　P18

P20　P22　P25

本書ではビジネスフレームワークと同義

プロコンリスト

P115

あるテーマへの賛成や反対の意見を挙げて各意見を評価し、採否の決定や最適な意見の選択を行うフレームワーク

ペイオフマトリクス

P113

実現性と効果から、複数のアイデアの優先順位をつけるフレームワーク

ま行

マーケティング戦略

P25　P49　P50

P54　P62　P130

顧客や市場への最適なアプローチ方法を、ニーズや自社の強みなどから考え、施策を策定する一連の取り組み

マクロ環境

P87　P88

企業が属する業界を取り巻く外部の環境のこと

パレート分析

P108

自社への貢献度の高い顧客へ集中的な施策を行い、高い費用対効果を実現するフレームワーク

ビジネスフレームワーク

P10　P12　P14

P18　P20　P22

ビジネスにおいて、情報を網羅的に整理するための枠組み

ピラミッド構造

P25　P37　P42

ロジックツリーと同義

ファシリテーション

P37

会議や打ち合わせをスムーズに進行する舵取りの技法

ファネル分析

P111

消費者が商品を購入するまでのプロセスを4つにわけて人数を把握し、もっとも人数が減ったプロセスを知ることで、改善が必要な部分を見つけるフレームワーク

ら行

ロードマップ

P120

現状から将来的な目標までのフローを明確にするフレームワーク

ロジックツリー

P25　P37　P42

ある情報やテーマを細かく分解するフレームワーク。MECEに細分化することが重要

マンダラート

P112

出発点となる言葉から、連想をしていくことで、新たなアイデアを発想するフレームワーク

ミッション、ビジョン、バリュー

P120

企業などの「存在意義」と「あるべき姿」、「行動指針」をまとめたフレームワーク

本書の次に読むべき書籍

まず手に取るのは

若手～中堅層向け

『教わる力』
（ディスカヴァー・トゥエンティワン）

本書で学ぶべきことは分かったと思いますが、では、それをどう学んでいったらよいのでしょうか。『教わる力』を読むことで、社会人の学び方を理解することができます。

経営企画部門、経営層向け

『フレームワークを使いこなすための50問』（東洋経済新報社）

実際に経営企画部門や経営層が、事業の意思決定をするには、本書以上のレベルが求められます。実務レベルでフレームワークを使いこなすためにお読みください。

本格的にフレームワークを学ぶには

『［新版］考える技術・書く技術問題解決力を伸ばすピラミッド原則』
（ダイヤモンド社）

海外でも日本でも業界トップ企業を中心に多くの一流企業が、エリート人材育成に使用している教科書です。難しいですが、チャレンジしてみてください。

参考書籍
『ビジュアル ビジネス・フレームワーク［第２版］』（日経 BP 日本経済新聞出版）
『ビジネスフレームワーク図鑑 すぐ使える問題解決・アイデア発想ツール 70』（翔泳社）

おわりに
conclusion

最終ゴールは、誰かにたよられる存在になること、仕事を安心してまかされる存在になること

本書では、ＭＢＡなどで活用される経営戦略、マーケティングなどの専門的フレームワークだけではなく、日々の仕事でいかすことができるＴｉｐｓのようなフレームワークまで、さまざまなフレームワークをご紹介してきました。

「はじめに」でもお話したように、本書を読み終わったら、実戦です。試す。失敗する。改善する。この繰り返しで、読者の皆さんのビジネススキルはどんどん向上します。

ただ、読者の皆さんのビジネスキャリアの最終ゴールは、フレームワークを使いこなせるようになることにはとどまりません。フレームワークを使いこなせるようになると、誰かにたよられる存在になります。上司から仕事を安心してまかされる存在になります。そうするとビジネスキャリアは、大きく前に進んでいきます。

誰かが仕事をどう進めていったらよいのか分からないとき、仕事の壁にぶつかっているとき、あなたは状況を整理し、仕事の壁に対してアドバイスをできるようになります。そ

してその人が仕事を上手く進めるようになる。これを繰り返すことで、「困ったことがあったらあの人に相談するといいよ」と、あなたは周囲の人々のたよれる存在となるでしょう。

上司から仕事を依頼されたときに、あなたは「ではこの仕事を、3つのステップにわけ、こういう段取りで進めていきます。こういうリスクも想定されますが、その際はこう対処します」と説明できます。上司は安心してあなたに仕事をまかせることができます。安心して仕事をまかされるとは、余計な口出しをされないということです。あなたは自分の考えで、自由に仕事をできるようになります。仕事がどんどん楽しくなります。結果を出せば上司からの評価は高くなります。ますます上司は安心して、あなたに仕事をまかせるようになるでしょう。

フレームワークを使いこなせるようになると、その先には、読者の皆さんの輝かしいビジネスキャリアの前進があります。私の願いは、読者の皆さんが素晴らしいビジネスキャリアを前に進め、いきいきと日々お仕事を楽しまれることです。本書が少しでもお役に立てるなら、私には望外の喜びです。

牧田 幸裕

監修　牧田 幸裕（まきた・ゆきひろ）

名古屋商科大学ビジネススクール　教授

1970年京都市生まれ。京都大学経済学部卒業、京都大学大学院経済学研究科修了。ハーバード大学経営大学院エグゼクティブ・プログラム（GCPCL）修了。

アクセンチュア戦略グループ、サイエント、ICGなど外資系企業のディレクター、ヴァイスプレジデントを歴任。

2003年日本IBM（旧IBMビジネスコンサルティングサービス）へ移籍。インダストリアル事業本部クライアント・パートナー。主にエレクトロニクス業界、消費財業界を担当。IBMでは4期連続最優秀インストラクター。

2006年信州大学大学院経済・社会政策研究科助教授。2007年准教授。2018年より現職。名古屋商科大学では5年連続ティーチング・アウォード受賞（2023年現在）

著書に『フレームワークを使いこなすための50問』『ラーメン二郎にまなぶ経営学』『ポーターの『競争の戦略』を使いこなすための23問』『得点力を鍛える』『デジタルマーケティングの教科書』（いずれも東洋経済新報社）などがある。

サクッとわかる ビジネス教養　ビジネスフレームワーク

2024年3月15日　初版発行

監修者　牧田幸裕
発行者　富永靖弘
印刷所　公和印刷株式会社

発行所　東京都台東区台東2丁目24　株式会社 新星出版社
〒110－0016　☎03(3831)0743

ISBN978-4-405-12032-7